JN097562

「書く」指導

授業で使える
アイデア＆フレームワーク

坪井綾子

東洋館出版社

はじめに

「今から作文を書きます」と言うと、多くの子どもたちがくもった顔をします。

けれども、一番困っているのは……もしかすると先生自身ではないでしょうか？

「作文って、どう書いていいか分からない」という子どもの声は、「どう教えていいのか分からない」という教師の心の声ではないのでしょうか？

なぜ、作文指導はこんなに難しいのでしょうか？

それは、作文の書き方マニュアルが、学習として確立されていないからだと思います。

「作文の書き方の学習をします」という言葉はあまり聞いたことがないですし、意識しないと出てこないフレーズです。

作文は個人的な内容だから、自由に書くもの。だから、書き方なんて細かく教えられない。

先生方の頭の中に、そのような思いがあるのではないでしょうか。

作文は学習です。だから、段階的に設定されたマニュアルがあっていいはずです。それに従って一段階ずつ進む。一年生で作文が最後まで書けるところ（ゴール）を目指さなくていい。一つの単元で作文が最後まで書き終われなくてもいい。学年にふさわしい目標を一つ一つ達成して、急がず確実に力を育てていけばよいのです。

書く力を育てたいと思ったとき、それはいつからでも可能です。教師が正面から向き合う気持ちさえあればいいのです。

作文は、コンクールに入賞するために書くものではありません。

もっと、普通に書いていいのです。

「なあんだ、作文指導って案外、簡単だったんだ」という声が出てくるようになればうれしいです。先生方の負担を少しでも減らしたい。文章を書くことに対する子どもたちのハードルを取り除きたい。それが、私の願いです。

私の失敗談やこれはうまくいったという方法、こうしてみてはどうかという提案などをまとめて、今日から使える作文のマニュアルを作ろうと考えました。今、現場で書く指導に奮闘されている先生方のお役に立つことができればと思います。

では、作文のマニュアルについて、水泳の学習でクロールを習得する場合と比べて考えてみましょう。

❶顔つけ
❷ふし浮き
❸けのび
❹バタ足
❺息つぎ
❻手のかき方
❼クロールの完成

水泳（クロール）では、三年生で❼の段階。ここで初めて、二五メートルプールを泳ぎ切るという課題に挑戦することになります。

これを作文学習に当てはめてみましょう。作文学習の現状では、❶の段階、やっと顔つけができた子どもたちに、口頭で❷から❼までのやり方を説明した後に、一斉にプールに飛び込ませて、二五メートルプールをクロールで泳いでゴールを目指そう！　というようなことをしているとは言えないでしょうか？

さらに、事態はもっと過酷です。水泳の指導では途中で泳ぐのをやめてプールから上がって終わることも認められますが、作文では一年生の子どもさえ最後まで泳ぎ切る＝最後まで作文を書き終わることを求められるのです。途中で作文を投げ出すことは許されません。最後まで書けないときは、休み時間や放課後、もしくは宿題になることすらあります。

こういうことを続けていたら、おぼれる子ども（作文が嫌いになる子ども）がいても仕方ありません。

今までの作文学習では、私たち教師一人一人が作文指導の段階的目標をはっきり認識してこなかったのではないでしょうか。

他教科等での学習と同様に、作文も一つ一つ段階を踏んで教えたいものです。

一つの作文を書き上げる学習では、計画が必要です。

❶題材を決める　一時間
❷組み立てを考える　一時間
❸書き始めを書く　一時間
❹中心部分を書く　一時間
❺書き終わりを書く　一時間
❻振り返り（評価）　一時間

学年や作文の内容によって変わりますが、これはスタンダードな一例です。

しかし、これまでの作文指導では、❶から❻をざっと説明しただけで、あとは個人個人で勝手に書き進ませていく。はやくできた者からどんどん次に進んで、勝手に書き終わる、というやり方になってしまっているのをよく見ます。また、振り返りは、省かれることがほとんどです。これでは残念ながら、「作文の書き方を学習した」とは、言えないと思います。

全ての学年に、全ての作文に❶から❻が必要だというわけではありません。それだけで六時間ずつかかってしまいます。

書く作文ごとに、ねらいを絞ってはっきりさせることが大切なのです。たとえば、「今回の作文は❶の題材、次回は❷の組み立てを重視しよう」というように。子どもたちに、段階を踏んで作文の書き方を教えていきましょう。

作文も書き方さえ分かれば、必ず書けるようになる。

練習すればうまくなる。

自信をもって、子どもたちにそう言いたいのです。

本書では、

第1章で題材

第2章で構成

第3章で表現力

第4章で評価

第5章で発展についてで述べていきます。

もくじ

第2章 作文の構成を教える

第3章 表現力を高める

第4章 作文を評価する

第5章 発展させる

第1章

題材を決める

1 飛ばなくていい。バットの芯に当てる

「先生！　昨日ね。弟がねぇ……」

朝、学校に着くと朝の仕度もそこそこに教師の机のそばに来て話し始める子どもたち。本来、子どもはおしゃべりが好きですよね。先生や友達に話したいことがいっぱいありそうです。

なのに、どうしてなのでしょう？

作文を書くとなると、「あぁ、書くことがない」となってしまうのです。

それは、作文では、「すごいことを書かなくてはいけない」と思っているからでしょう。野球でいうと、いきなりホームランを打とうとしてしまうようなもの。野球でも、最初の打席では、バットにボールを当てることだけを考えますよね。

なのに、作文となると、最初から整ったフォームでホームランを打とうとしてしまう。ホームランの題材って？　そう考えたときに、朝、自分が話そうとしていた昨日の出来事なんて、全くつまらないことに思えてしまうのです。

一番話したいこと。それでいいのです。いや、**それを見付けることこそが大事**なのです。最初は一文でいい。文の長さでなく、表現のうまさでもなく、何を伝えたいのかという中身が大切。ゴロであってもバットの芯に当たっているかということを教師が見極めることが大事なのです。

ここが、文章を書くことのスタート。

2 自分にしか書けないことを書く

「昨日夜ご飯を食べに行ったから、それを書いておけばいいか」

たいていの子どもたちは、簡単に題材を決めて急いで書き始めようとします。


「何か特別なことがあったの？」

と、尋ねてみると、

「いや、普通においしかった」

と、答えるだけです。

何を伝えたいのかをじっくり考えることなく書き始めているのです。

普通のことでは、わざわざ作文を書く意味がありません。**特別なこと、自分にしか書けないこと**を書くのです。

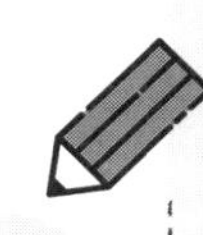

3 はや過ぎるよりは遅い方がいい

子どもたちは、「はやくはやく」の世界で生きています。

繰り上がりのある計算がはやくできる方がいい。はやく走れる方がいい。はやく帰り支度ができる方がいい。全てがはやく、親からも教師からも、「はやく」と言われ続けているのです。

「じっくり悩んでいい」または「時間をかけて悩んだ方がいい」とは、あまり言われることはないでしょう。けれども、作文、**特に題材を決めるときには、「はや過ぎるよりは遅い方がいい」**という考え方が必要なのです。

作文は、題材で九割が決まってしまうと言っても過言ではありません。

ちょっと待って！
本当に書きたいことは何？
はやく書かなきゃ…
もうこれでいいや！

いくら題材を素早く決めて取りかかりをはやくしても、自分が伝えたい中身がない題材を選んでしまっては、書き始めてすぐに行き詰まってしまいます。

題材を決める段階で、本当に書くことができる内容がたくさん浮かぶような題材選びをするべきです。

慌てて決めてしまうと、その後、最後まで書き進めることが難しくなります。

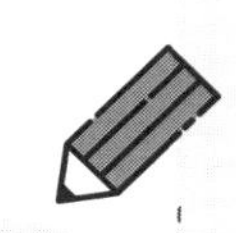

4 一回勝負。書き直しはできない

一日、題材を決めて書き始めてしまってからでは、題材を変えて、書き直すことは難しいと考えてください。

私の失敗

「買い物に行ったことを書く」と、題材をはやく決めて、書き始めたAくん。
「ぼくは、日曜日に、お母さんとお父さんと妹でスーパーへ行きました。
にんじんとたまごを買いました。牛にゅうも買いました。ソーセージも買いました。
ヨーグルトも買いました」

ここまでは、勢いよく書いていましたが、急に鉛筆が止まってしまったAくん。覚えているのはここまでなのでした。
書く中身がない題材を選んでスタートしてしまったのです。途中で書けなくなって固まっています。私は、Aくんに聞いてみました。

私「それから、どうなったの？」
A「もう家に帰った」
私「にんじんは何に使ったの？」
A「食べた」

これ以上は難しそうです。

私「昨日の晩ご飯って何だった？」
と、話を変えることにしました。
A「カレー」
私「おいしかった？」
A「うん」

Ａ「昨日のカレーはおいしかったんだ。じゃがいもがいっぱい入り過ぎて」

とＡくんは、私が何も言わなくても、自分から話しだします。そのときのことを思い出したようです。

私「入り過ぎ？」

Ａ「ママがいっぱい買い過ぎて、もうちょっとで、じゃがいもが腐りそうだったんだよ」

Ａ「ママってね、安いといっぱい買うんだよ」

と、Ａくんはうれしそうです。

私「その話の方が書くことといっぱいありそうだね」

Ａ「うん」

私「そっちの話に変える？」

Ａ「うん」

Ａくんが明るい声で答えたので、私は、題材を変えて書き直せばよいと思いました。それで、Ａくんが今まで書いた三行ちょっとの作文を消そうとしました。

けれども、私が消しゴムを持った瞬間、急にＡくんの顔がくもったのです。

そのときの私は、Ａくんの表情の変化に気付いてはいましたが、黙っているＡくんを前に、その三行をさっさと消してしまいました。

たった三行。消してもたいしたことはない。今なら書き直しも簡単だし、新しい題材の方が楽しい作文になる。書く材料があるのだから、Ａくんも楽に書ける。

その方が、Ａくんのためになる。

Ａくんは、消しゴムでごしごしと消されていく自分の文字を見ていたのでした。

さて、この続きはどうなったか、みなさんにも分かりますよね。

そうです。Ａくんの作文はその後大変でした。

書く意欲を失ってしまったのです。

「買い過ぎたじゃがいもがいっぱい入ったカレー」という、とても楽しい作文が書けそうな題材に変えたのに、Ａくんの鉛筆は、一回目のときより書き進むのに時間がかかりました。

当たり前です。

「たった三行」というのは、**教師である私の都合、**だからです。

「力を振り絞って書いたものを消されてしまったら、自分の努力が無駄になったようで作文が嫌いになってしまうよ」

と、そのころの私に言ってやりたいです。

その後、ずっとAくんにつきっきりになって、やっとのことで書き終わることができました。

その作文は、とてもうまく書けました。でも、Aくんの意欲を奪ってしまったのではないかという思いは、いまだに忘れることはできません。

題材を決める段階で、もっとAくんの話を聞いて考えさせていたら……。

今でも苦しい私の失敗談です。

題材決めは、一回勝負なのです。やり直しはきかないということを肝に銘じました。

5 題材を決めるのに一時間を使っていい

作文の最初の段階では、題材を決めるだけで授業の一時間を使いましょう。その時間に決まらないときは、次の時間まで待った方がいい。休み時間や給食のときに、いいアイディアが浮かんでくるかもしれません。

ほとんどの子どもと教師が急いでしまいます。考えることに疲れて「もう、これでいいことにしよう」と、諦めてしまうのです。

教師が焦らず、**困っている子どもに寄り添い、時間をかけて題材選びを手伝いましょう。**

教師も子どもも踏ん張る。ここが、我慢のしどころです。

考え、悩む苦しみを乗り越える楽しみ。

それを、子どもに感じてもらうチャンスなのです。自分が満足できるものが書けたとき、喜びとして何倍にもなって返ってくる。
一度そのことを実感した子どもは、変わります。次からは、自ら粘って題材を考えるようになります。

土台（題材）に広がりがあれば、
木（表現）は立派に育つ。
広がりがないと、木は倒れる

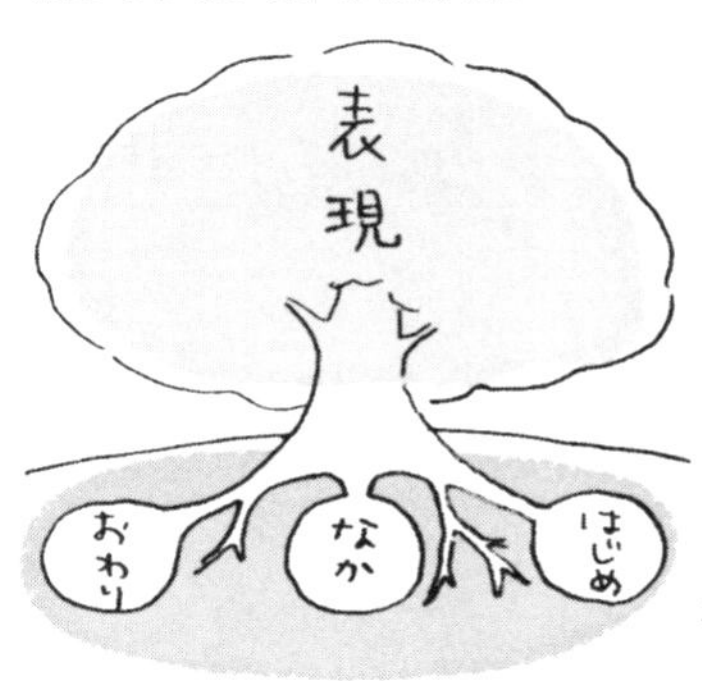

土台（題材）を
しっかり！

6 作文＝行事作文から抜け出す

「運動会でもないし、社会見学にも行ってないよ」「お出かけしてないよ」「めずらしいことが何もないんだよ」「書くことがない」と、子どもはよく言います。

大きな出来事がないと書けない。どこかへ行かなければ、誰もが知っているような有名な場所でなければ、作文に書くことができないと思っているようです。

これは、子どもだけではありません。このように思っている保護者の方もたくさんいて、週末に日記の宿題を出したときに、

「先生、困ります。忙しくてどこへも行けないのです」

と、おっしゃるのです。

これは、もしかしたら運動会、遠足、学芸会など、行事の後だけに作文を書いてきた弊害かもしれません。行事作文も、書く目的がはっきりしているときには有効ですが、それだけを書いていると、与えられた題材で書くことが当たり前になってしまいます。自ら題材を見付ける楽しさを子どもたちが感じられなくなってしまいます。

行事作文から抜け出しましょう。どこかへ行く必要もないし、特別なことをしなくても大丈夫。

行った先や何をしたかが大事なのではありません。どこでも何でもいいのです。近所の公園でも、家の前でも。そこで自分だけが見付けたことに価値があるのです。お手伝いでも、宿題をしているだけでも、作文の種は見付けられます。

本当に小さなことで十分です。

私が前に担任していた子どもは、家の前に大きな木の実が落ちていたことを書きました。いつもは落ちていなかったのに、その日の朝、突然道に転がっていたといいます。ある子どもは、自分の飼っている猫が変な歩き方をしていたこと。よく見てみると、足に小さなとげが刺さっていたことを題材にしました。このような子どもの目で見付けたことが大切なのです。

いつもと違うこと。
日常の中で起こる変化や小さな事件。
自分が感じた驚き。

自分の周りを注意深く見つめるだけで、題材は目の前に転がっています。
私たちは見ているようで見ていないのです。目を開き、もっと近くで見てみましょう。

子どもたちは、生まれながらに面白いことを見付けてくる天才です。
「面白いね」
「私には見付けられないよ」と、驚いてあげてください。

たまごだ！

普通のものも宝物になる

普通のことが作文の種になる

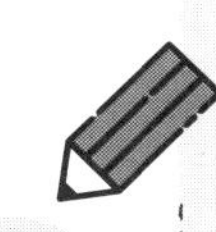

7 楽しいことだけが題材じゃない

「先生、ぼく、最近、なんにもいいことないんだ。作文に書くことなんてないよ」

と、言うAくん。みなさん、一度は、聞いたことのある台詞(せりふ)かもしれません。

「よいこと」しか書いてはいけないと思っているのかもしれません。

いえいえ、それは違います。

失敗したこと、困っていることは、素晴らしい題材なのです。

友達が困っていたり、悩んでいたりすることは、周りのみんなも興味があります。同じ悩みがあったり、自分も困った経験があったりするからです。同じ目線になることで、みんなの共感を得ることができます。ただ、あまり深刻なものは、読む方も辛(つら)くなるし、暗くもなります。

「困ったことは、作文のいい題材になるんだよ」

という私の投げかけに、「お兄ちゃんが宿題を忘れたんだ。お父さんにすごく叱られたんだよ。そのことを書こうかな」

あらら。

これでは、家族で問題になってしまいますよ。家族の失敗を暴露してしまっては困ります。

温かいユーモアがある題材がいいですね。大好きな卵焼きを作ろうとして、うまく巻けなくてぐちゃぐちゃになったけど、食べてみたら案外おいしかったといった話などは、周りも「自分もやってみよう」と思えるし、本人の自信にもなります。

たとえば「食べ放題に行って食べ過ぎた。帰りに薬局で胃薬を買って、家族全員が飲んだ薬代が高かった」など、誰にでも心当たりのあるような、くすっと笑える話なども、とてもよい題材になると思います。

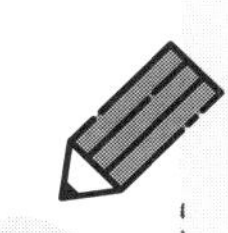

8 マッピングで題材を見付ける

夏休みの思い出を作文に書くというとき、たくさんの出来事の中から何を選んでいいか選ぶのは難しいですね。書く内容がたくさんあることを選ぼうと言われても簡単には浮かんできません。

そんなとき、役立つのが**マッピング**。言葉の地図です。真っ白い紙の真ん中に「夏休み」というキーワードを書いて、そこから思い出すことを関連付けていきます。どんどん直線でつないでいってもいいし、枝分かれしてもいい。真ん中の駅からどんどんいろんな方向へ駅を広げていって言葉の地図を作ります。

五分間くらいでこのマッピングの活動を止めます。書き上がったマップを見てたくさんのワードが集まっている部分を囲みます。そこが、題材になるのです。

マッピングから題材を見付ける（例）

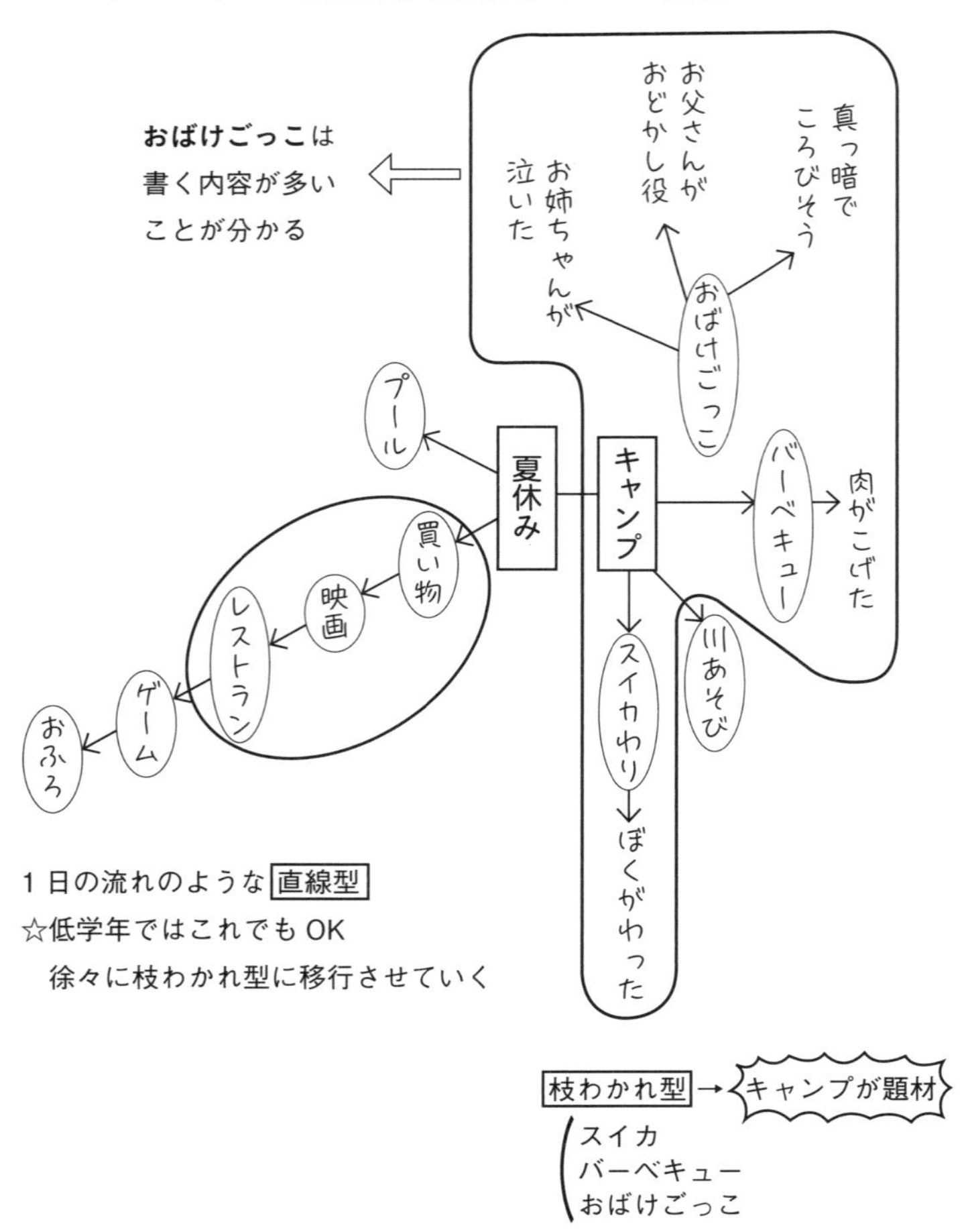

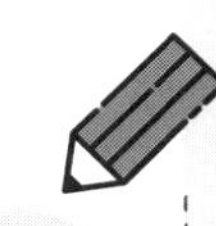

9 学年別　題材の見付け方

題材を見付けるためのポイントをいくつか紹介しましょう。
読み手の反応という視点で分けてみました。

❶ 教えてあげたい　（驚いたこと　初めて知ったこと）
❷ 共感してほしい　（むかついたこと　悲しかったこと）
❸ 笑わせたい
❹ うらやましがらせたい

この四つを学年に応じた世界で見つめていきます。

低学年では、自分と家族。中学年では、自分と友達。高学年では、自分と社会。本で読んだこと、新聞やテレビで知ったことなども入れて、世界を広げて見ていきましょう。

学年／世界	【低学年】自分と家族	【中学年】自分と友達	【高学年】自分と社会
❶ 教えてあげたいこと	例 家族のこと 例 ペットのこと	例 ○○の使い方 例 秘密の宝物	例 新聞・テレビ・本から 例 マイ・ブーム
❷ 共感してほしいこと	例 兄弟間のけんか（ぼくは悪くない！）	例 ゲームの時間を減らされた	例 おこづかいがもっと必要
❸ 笑わせたいこと	例 家族全員、寝坊 例 家族みんなでダイエット	例 友達と自分の勘違い	例 時事ネタ
❹ うらやましがらせたいこと	例 旅行、レストラン	例 サッカーチームが試合に勝った	例 自分の成長

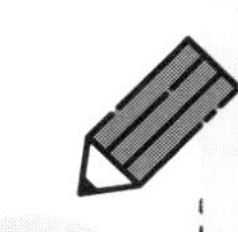

10 ネタ帳を作ろう

作文の題材のネタはどこにでも転がっているとお伝えしました。あとは、見付けて拾うだけです。拾っては心のノートに書き出しましょう。とは言っても実際は、子どもには難しいですよね。隣について、「題材になるのは、これだよ」「ほら、あれも」と一人ずつに声をかけることはできないからです。作文の難しさは、**個人的なものである**というところに凝縮されていると思います。

こんなときは、見本を見せましょう。まず、教師自身がネタ帳を作ってください。そして、その中から一つずつ、朝の会の時間や少し時間が余ったときに、子どもたちに披露してみてください。

こんなことも、あんなことも作文のネタになる。先生の話を聞いて笑っているうちに、いつのまにかネタの見付け方が分かるようになる。これが一番の早道です。

私のネタ帳

- 道の駅で買ったにんじんが人間の体の形みたいだった。「ごめんね」と言いながら、シチューに入れた。
- 大事にしまっていたスカート。着ようと思ったときには、ウエストがきつくなっていた。
- 昨日まで公園にあった滑り台がなくなっていた。危ないから壊されたらしい。
- 八百屋さんの店員さんの肌がツルツル　野菜を食べているから?
- ドレッシングを買い忘れたので、焼き肉のタレでサラダを食べてみたらおいしかった。
- めがねをなくしたと思ったら、頭にかけていた。

慣れてきたら、今度は子どもたちにネタを発表してもらいましょう。スピーチタイムより時間もかからず気軽に行えて、一日に二、三人は発表できます。私は、「こんなことあるタイム」や「へー（びっくり）タイム」などと名前を付けていました。

私自身は、食べることが好きなので、どうしても食べ物のネタになってしまいます。

Bくんのネタはいつも虫のことでした。Bくんは、クラスの虫博士と呼ばれるようになりました。その子なりの偏りがあってもいいですよね。カマキリのネタがほとんどでしたが、Bくんらしさが表れていて私は好きでした。

Bくんのネタ帳

さとうでダイヤモンドを作った
あさがおの花にカマキリがすんでいた
おなかでまもったゴール
せんたくものについていたかめむし
なめくじが　ベランダのトマトを食べていた
うさぎとさんぽしている人を見た

11 クラスのびっくり・おもしろニュース

「クラスのびっくり・おもしろニュース」をみんなで話し合ってみませんか。題材集めは、一斉指導が難しいです。

では、クラスのことならどうでしょう。これなら、みんなで話し合えます。それぞれ思いつくニュースを出し合った後に、みんなで順位をつけましょう。言うまでもなく**人気投票ではないこと**を、しっかり伝えてくださいね。

順位をつけることで、みんなが興味をもつ題材、面白いと思ってもらえる題材はどんなことなのかを考えることが目的です。これは、あとでお話しする読み手を意識することにもつながっていきます。

○年○組　びっくり・おもしろニュース

第1位：○○くんが連続五回　給食のお代わりジャンケンに勝ったこと
第2位：給食メニューのジャンボぎょうざが来週の予定
第3位：休み時間、鉄棒がはやっていること

全員が発表することを強いることなく、軽い感じで行いましょう。

ニュースが見付からなかったときは、思いつく中ではやめに切り上げてしまいます。子どもが嫌になるまで深追いはしないことが大切です。

それよりも、休み時間に、「先生こんなニュースがあったよ」と教師のところまで走って言いに来る子どもが出てくればしめたもの。**何かを見付けようと意識している証拠**です。題材になることを判断する目を育てることが大切なのです。おもしろニュースを決めることが最終目的ではありません。

子どもたちが給食を食べながら「今週のニュースは」と、話題にしてくれるとうれしいですね。蛇足になりますが、誰かを傷付けるようなこと、人権に関わるようなことには、十分注意してください。

クラスみんなで楽しみながら、授業の時間が余ったときなどにやってみてください。

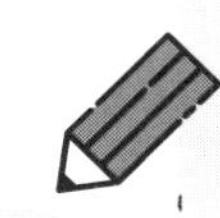

12 今週の〇〇家ニュース

クラスの次は、家庭にも範囲を広げます。

今週の〇〇家ニュースを家族で話し合って決めるというのを、週末の宿題にしてみてはどうでしょう？

題材を集めるコツをつかむのは、子どもだけではなかなか難しいので、家族で取り組むとよいと思います。家族で楽しみながら題材集めができたらいいですよね。これって、一番大事なことです。

楽しく作文。笑って作文。そんなイメージがほしいですね。

今週の〇〇家ニュース

第1位は、「寝坊して家族全員遅刻してしまったこと」
第2位は、「〇〇の誕生日。チョコケーキが売り切れだった。けれど、代わりのショートケーキがおいしかったこと」
第3位は、「ピーマン嫌いの弟が、ピーマンの肉詰めを初めて食べたこと」

こんなふうに、家族でワイワイ話し合えたらいいですね。笑ったり、ツッコミを入れたりしながら。

この宿題は、「クラスのびっくり・おもしろニュース」を話し合う学習をした後に出してください。子どもたちが話し合いの仕方を学校で学習しているので、家では子どもたちが中心となって話し合いを進めることができるからです。

また、できるだけ例を挙げ、見本を印刷して学習プリントに添付するなど、家庭でも簡単にできると思ってもらえる、**負担に思われないような提示の仕方**が大事です。

飽きられるほど続けてこの宿題を出さないようにしましょう。クラスの実態に合わせながら一、二か月に一回ほどをめどに調整してみてください。

なお、家庭によって差異があるため、この宿題が行えそうか適切に判断し、行う場合には各家庭の理解と協力が得られるよう事前の働きかけが必須となります。

第2章 作文の構成を教える

1 作文全体を一文で声に出してみる

題材が決まったら、最初にすることは、作文全体を一文でまとめて口に出すことです。

それには、二つの意味があります。一つめは、作文の中心をはっきりさせるため。二つめは、ゴールを決めて必要なところを詳しく書くようにするためです。

走りだすときには、目指す場所が決まってから走りだしますが、子どもたちの作文では、ゴールを決めないで走りだすことがよくあります。

そこで、メモを書いて口に出して**皆の前で宣言して書き始めるとゴールがはっきりします**。例えば、左記資料のようにメモしておけば、買ったお菓子について詳しく書くことを意識できるようになるのです。

メモ　わたしが書きたい作文は……

いつ	きのう、
だれが	わたしが
どこで	スーパーマーケットへ
（だれと）	おかあさんと
何をして	買いものに行って
どうなった作文【ゴール】	おかしを買いすぎた　作文です。

2 オチを決める

作文のゴールについてもう少し説明しましょう。ゴールとは作文の最終地点、いわゆる「オチ」です。

オチというと、漫才のことみたいですね。実は、**作文にもオチが必要**なのです。オチとは、作文を読んだ相手の表情です。

笑顔？　泣き顔？　怒った顔？

もちろん、笑いで締めるのも一つのオチ。

けれども、作文のオチは笑いだけでありません。落胆や悲しみもオチです。

もっと簡単に言えば、ハッピーエンドにするか悲劇にするかを決めるということです。
オチのバージョンを漫才風に書いてみました。

オチのバージョン

共感　そやそや　分かるわぁ
　　　ほんまにそやなあ
驚き　へえー　知らんかったわ
羨望　ええなあ　ずるいで　そうなりたいわ
納得　そうか　そうやったんやな
慰め　そんなあほな（ひど過ぎる）　それはないわ　（かわいそう過ぎる）

自分が見たこと、思ったことを伝えるには、**読んだ後の相手の顔を想像すること**が大切なのです。

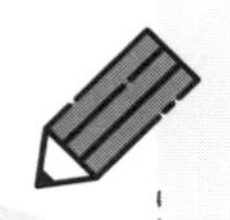

3 作文メモ

作文の構成というと、作文メモ。国語の教科書にもよく出てきます。ですが、作文の苦手な子どもにとっては、メモの方が難しいということもよくあります。

メモに直接、作文を書いてしまうということもよく見られます。その場合は、メモに書くべきところだけをマーカーで印をつけてあげてから、そのままの全文を作文に書けばいいのです。何度かそのようなことを繰り返していくと書き方が分かってきます。

作文の全容	設定	中身			オチ
		はじめ	なか	おわり	
いつ　だれが　どこで　だれと　どうした	家ぞくでスキー場に行った。	歩くれんしゅう。 リフトはつかわない。 つかれた。	リフトが気もちいい。 け色がきれい。 すずしい。	ころんでひざをうった。 なきそうになった。	もう二どと行きたくない。
感情の動き	↖	↙	↖	↙	↙

・・・感情の動きの種類

↖↖↖パターン

【どんどんよいことが起こる・期待どおり】
もうすぐ誕生日。
お母さんに「プレゼントに何がほしい?」と聞かれた。
思ってたものよりバージョンアップしたゲームがもらえた。

↙↙↙パターン

【どんどんよくないことが起こっていく】
あした　漢字テスト
やろうとしているところに「勉強しなさい」と言われた。
テストが六〇点。

↖↙↖パターン

【期待・失望・回復】
日曜日は楽しみにしていたキャンプ。
お父さんが仕事に行かなければならなくなった。
お父さんが遅れてやってきた。お土産もあった。

このように考えていくと、いろいろなパターンが考えられます。この変化を意識するようになると、作文が楽しくなってきます。

読む人の感情を上げたり、下げたりすることができるからです。慣れてくると、ドラマの脚本を作っているような楽しささえ、味わえるようになるかもしれません。

体験型作文メモ（例）夏休みの思い出

※このフォーマットを基本形としながら、各学級や子どもの実態などに即して、変えてみてください。

（だい名）

年　組　名前

1

2

3

三つの中から一つに決定する

けってい↓

一番　つたえたいこと

いつ‥

だれが‥

どこで‥

何を‥

どうした‥

★自分で自分にしつもん

しつもん①（　　　　　　　　　　　　　　　　）

しつもん②（　　　　　　　　　　　　　　　　）

しつもん③（　　　　　　　　　　　　　　　　）

しつもん④（　　　　　　　　　　　　　　　　）

しつもん⑤（　　　　　　　　　　　　　　　　）

説明文・レポートメモ

説明文・レポートを書く場合のメモは、体験を書く作文と違ってきます。授業（教材：「わたしのはっけん」三省堂・二年、二〇一五年、一四四ページ）で、使ったメモを一例としてご紹介しましょう。

この授業では、自分の身の回りから発見した「〇〇の力」について書きます。「提案（はじめ）」と「結論（おわり）」を合わせるということが重要です。三つの例を、「そして」「それから」と、つながりに気を付けて書いていきます。最後は「このように」という言葉を使って文をまとめます。

【メモを書く順序】※提案の後、結論を先に書くのがポイント

❶提案を書く。
❷結論を書く。
❸根拠を書く。

はじめ【提案】	なか【例】①　の力	なか【例】②　の力	なか【例】③　の力	おわり【結論】
音楽　の力	元気になる力	そして　みんなとなかよくなる力	それから　ねむれる力	このように　①　の力には　②　③　の力がある。
	れい：～して元気になった。	れい：～なかよくなれた。	れい：～ねむれた。	

※提案と結論は呼応していること。

4 題名は作文の顔

作文を書き始める前に題名を決めるのは、なかなか難しいものです。そんなときは、まず、**仮の題名**を決めて書き始めていいのです。

仮の題なのですから、難しく考えなくてもいい。最初は、「遠足へ行ったこと」などで十分です。だんだん慣れてきたら、「遠足のお弁当を落として悲しかったこと」などにできるといいですね。これだけで、作文の中心が定まるからです。

作文を書き進めているうちに他の題名を思いついたり、書き直したりしたくなることは、素晴らしいことです。書きながら頭の中で考えている証拠ですから。**途中でどんどん変えていきましょう。**

そして、作文を書き終わったときに、もう一度考えます。題名は作文の顔。どんな題名にすれば、読みたい気持ちをもってもらえるか、読み手を思い浮かべてじっくり考えて決定しましょう。

仮題
遠足へ行ったこと
⇦
遠足でお弁当を落として悲しかったこと
⇦
泣きたくなった遠足
or
ころころ転んだからあげ

長過ぎる題はやめましょう。題名で詳しく説明し過ぎると読む楽しみがなくなります。「泣きたくなった遠足」などの方が、「何があったのかな？」と知りたい気持ちを高めることができます。「ころころ転んだからあげ」などもリズムがあって面白いですね。

題名の決め方をクラス全体で学習する場合は、既存のお話や作文の題名を予想して話し合う活動もいいでしょう。

5 学年別　構成の教え方

構成を教えるアイデアにはいろいろなものがあると思いますが、私がよく授業で取り入れていたものをいくつか簡単にまとめます。

一・二年生の低学年では、はじめ、なか、おわりの三つ。三年生以上では、起承転結の四つを基本にしてみました。

【一年生】短冊お手紙

めあて

- 伝えたい相手を決める。
- はじめ・なか・おわりの三つに分かれることを意識させる。

三色の短冊を用意する。

赤	青	黄
はじめ　わたしは、いつ（だれと）どこで何をした。	なか　伝えたいこと	おわり

ポイント

★なか（伝えたいこと）の内容は短くてもよい。

★三枚をはじめ・なか・おわりの順に重ねてホッチキスで留めて完成。

★表紙をつけて手紙を送る相手の名前を書く。

【二年生〜】サンドイッチ作文（レポート型）

めあて
- 段落の始まりは、一マス空ける。
- なか のサンドイッチの具を詳しく書く（ハム・卵・レタス）。

白い画用紙と色画用紙三枚（赤・黄・緑）をつなぎ合わせる。はじめ と おわり は、パンで なか は、サンドイッチの具を模している。

はじめ　パン

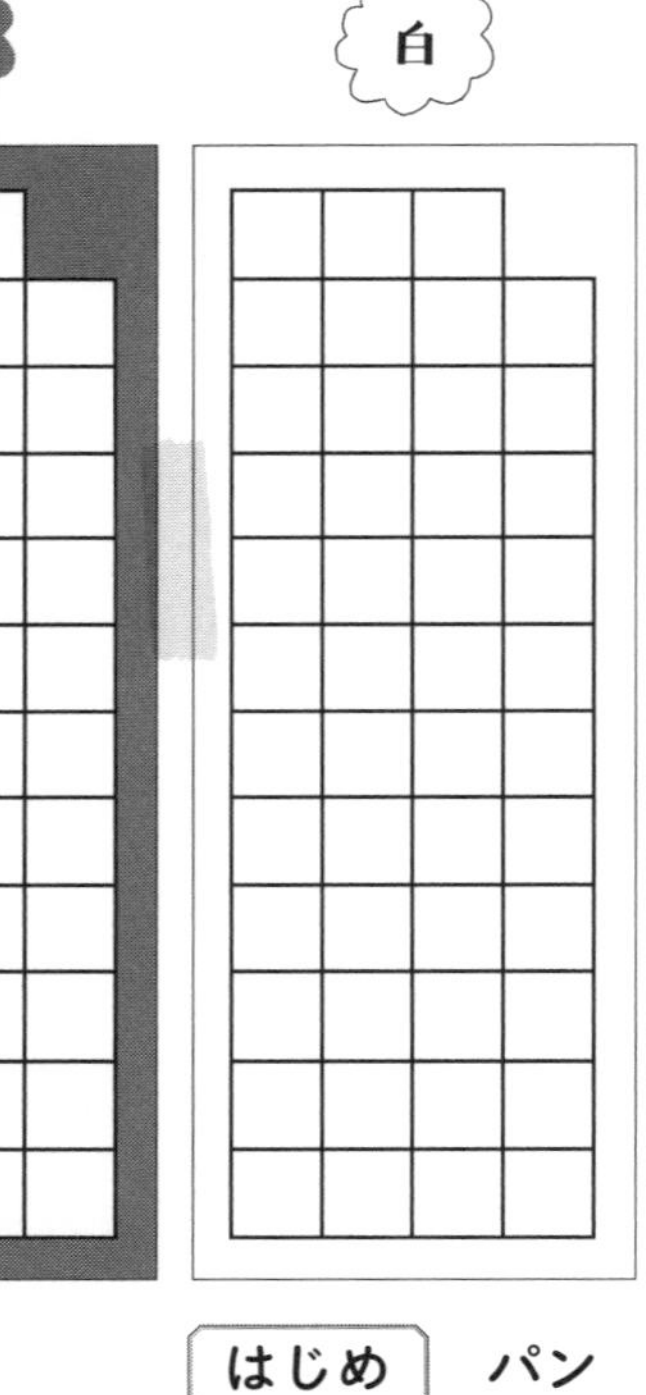

ポイント

★ なか（サンドイッチの具に当たる部分）を詳しく書くということを意識させる。
★ 学年によって、中身は一枚～三枚……と枚数を増やしていく。
★ 文頭は「一マス空ける」ということを意識させるために、それぞれの原稿用紙の一マス目は切り取る。低学年は罫線でもよい。

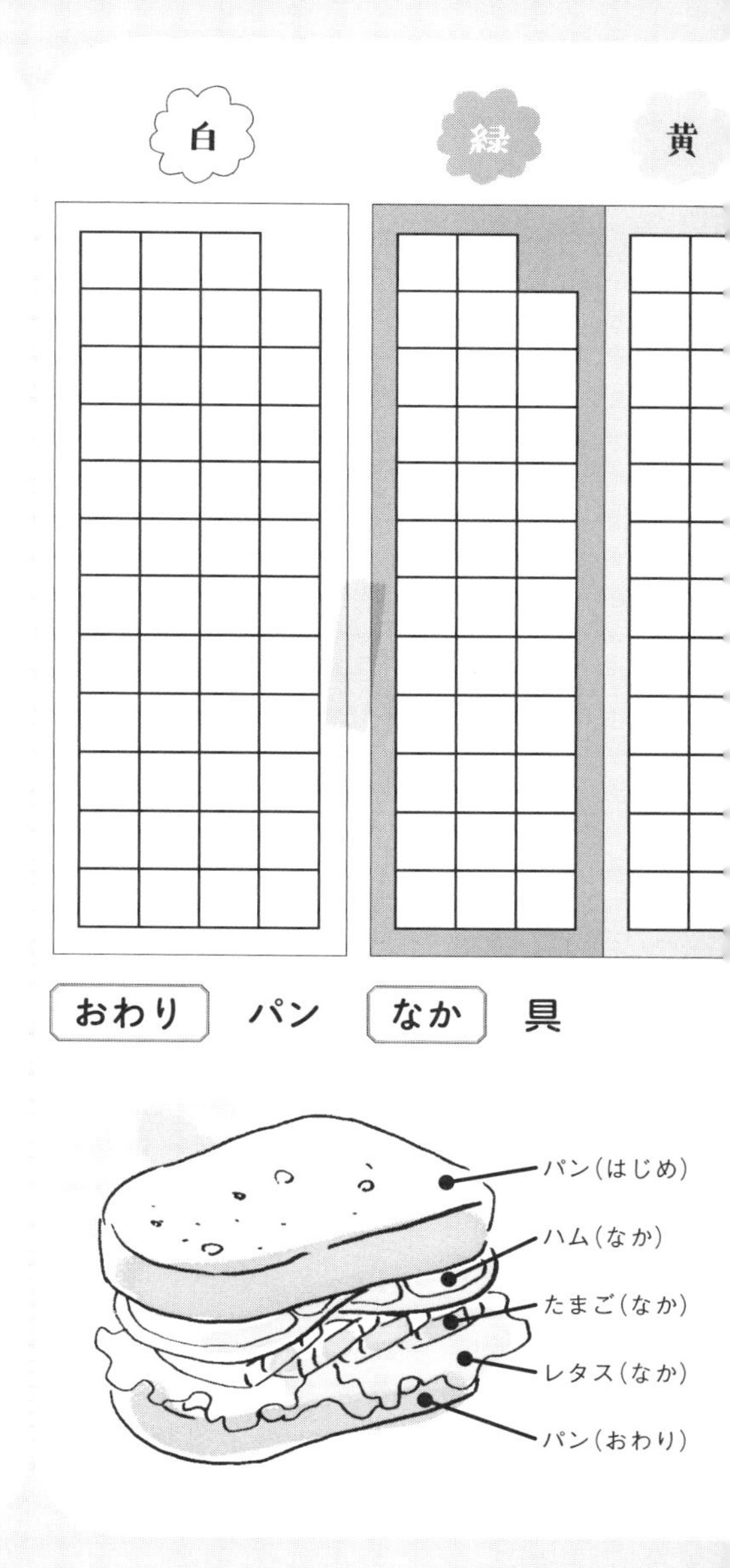

【二年生～】列車作文（体験型）

めあて

- 先頭車両…いつ　だれが　どこで　何を　どうした
- 一号車…出来事一
- 二号車…出来事二
- 三号車…出来事三
- 最終車両…思ったこと次にしたいこと

を書く

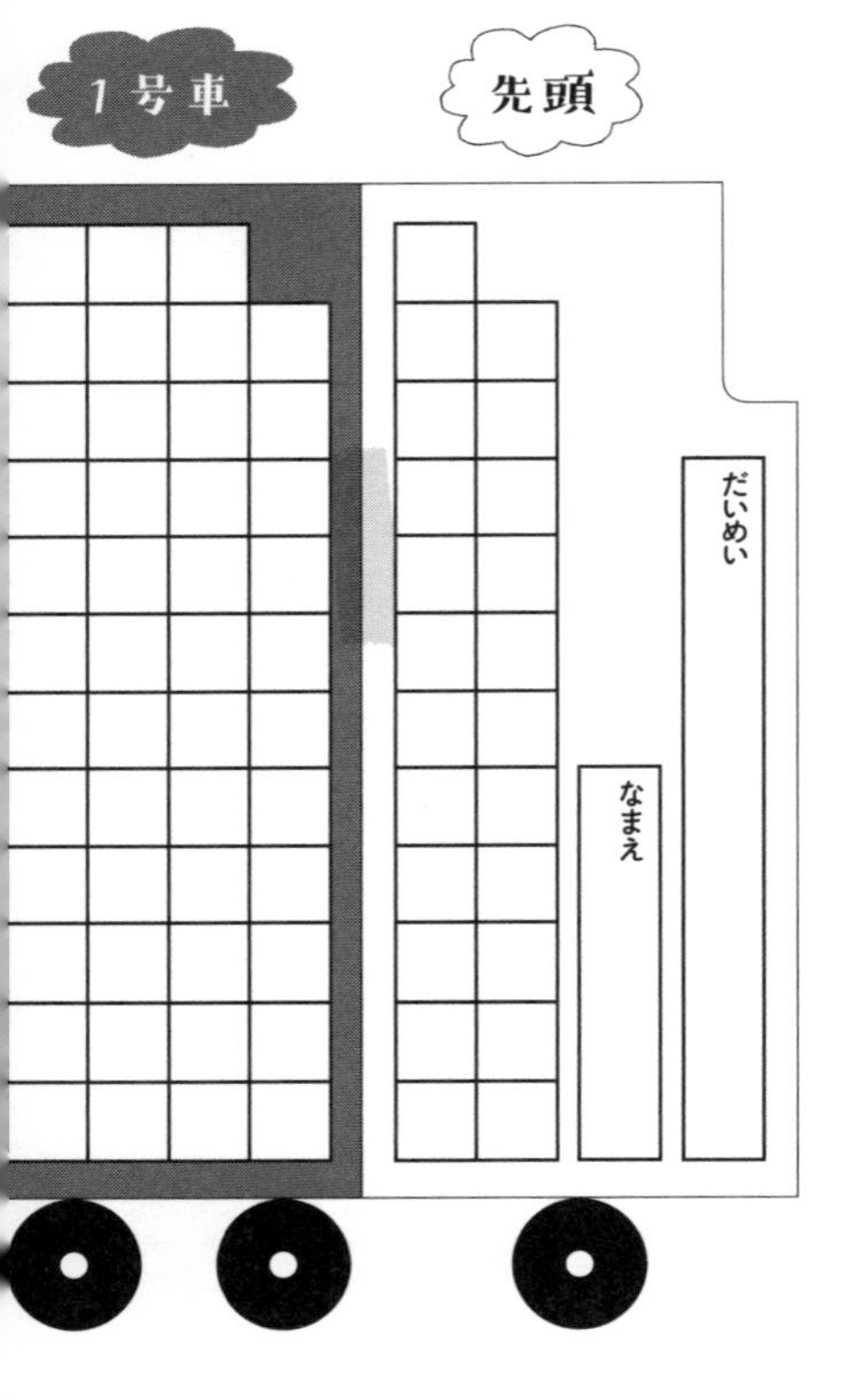

ポイント

★最初は一号車のみでよい（学年に応じて増やしていく）。
★一号車二・三号車は入れかえてよい。

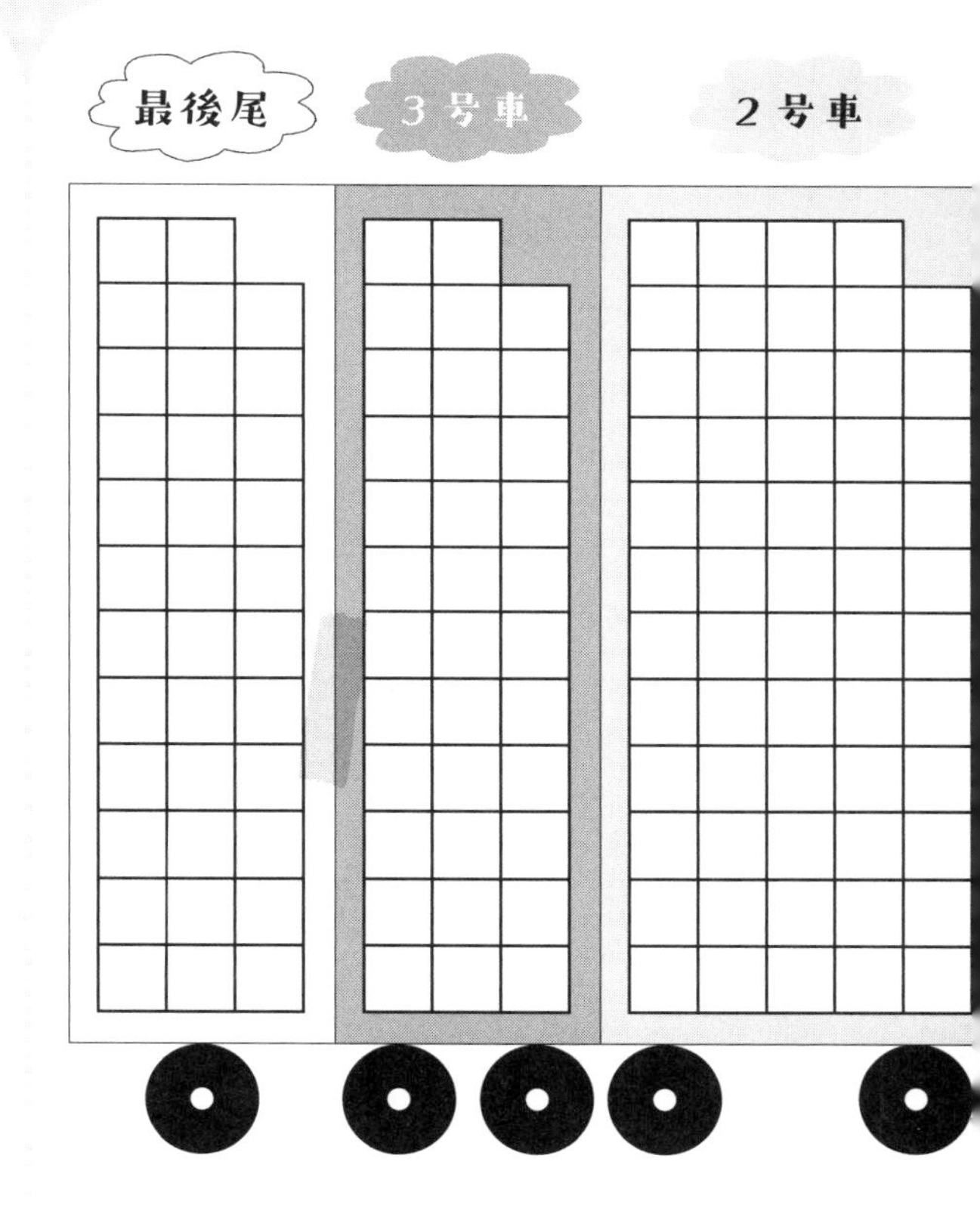

【三・四年生】紙芝居作文（お話型）

めあて　起承転結を考える。

画用紙を四枚準備し、表面に絵、裏面の罫線に文章を書く。

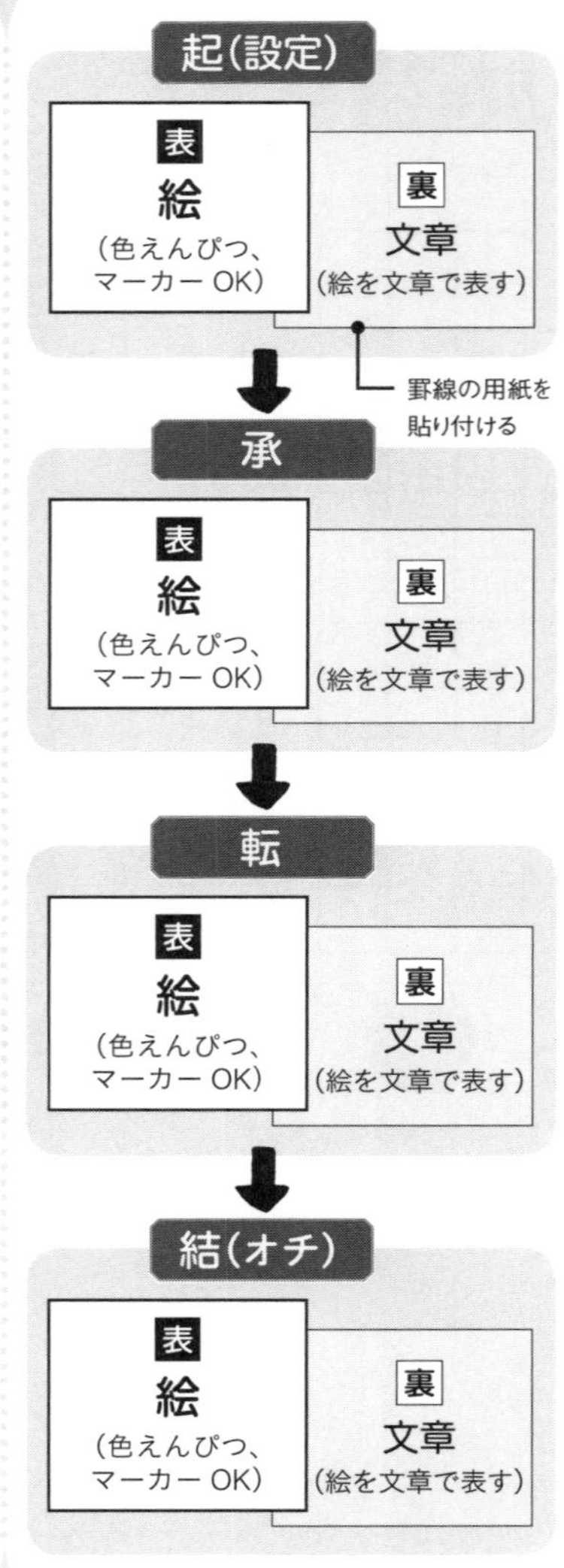

ポイント

★表面の絵は、作文メモとしての目的があるので、詳しくかく。色えんぴつやマーカーを使用。

★一年生では、「はじめ」「おわり」の二枚。二年生では、「はじめ」「なか」「おわり」の三枚でもよい。

【五・六年生】四コマ作文

めあて 起承転結を考える。

原稿用紙に書く。

四コマ作文に特化した書籍としては、村野聡『子どもが一瞬で書き出す！"四コマまんが"作文マジック』（学芸みらい社、二〇一七年）などが参考文献として挙げられる。

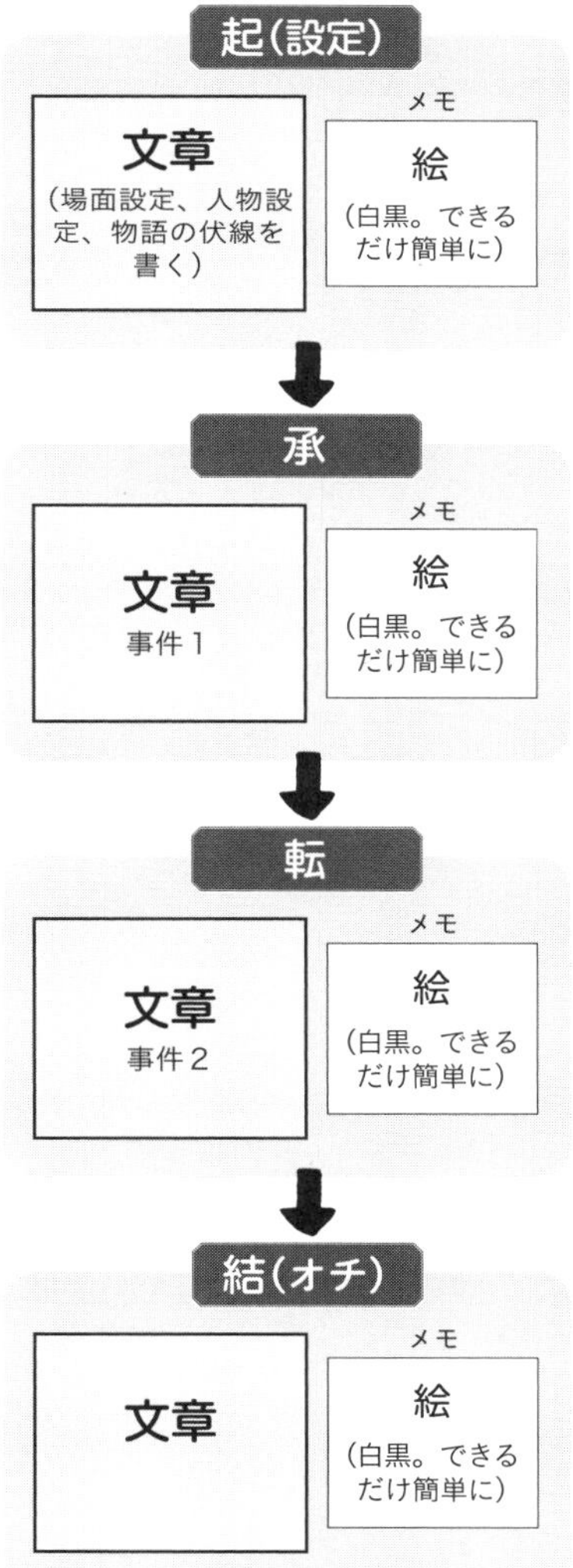

起（設定）

文章	メモ
文章（場面設定、人物設定、物語の伏線を書く）	絵（白黒。できるだけ簡単に）

↓

承

文章	メモ
文章 事件1	絵（白黒。できるだけ簡単に）

↓

転

文章	メモ
文章 事件2	絵（白黒。できるだけ簡単に）

↓

結（オチ）

文章	メモ
文章	絵（白黒。できるだけ簡単に）

ポイント

★文章が中心。絵は作文のメモとしてかく。白黒。

第3章

表現力を高める

1 目に見えるように書く

「百聞は一見にしかず」といいます。

実は、書くことにおいても同じことが言えるのです。今はやりのインスタ。まさに、それを表しているのではないでしょうか。

それならば、見えるように書けばいいのです。

人に伝えたいことを、まず、頭に映像で浮かべてみる。そして、それを文章にする。文章を受け取った相手は、その内容を自分の頭に思い浮かべる。

文章というツールを使ってはいますが、**実は、やりとりしているのは映像**です。こんなことが頭の中で行われているなんて面白いですね。

目にみえるように書く

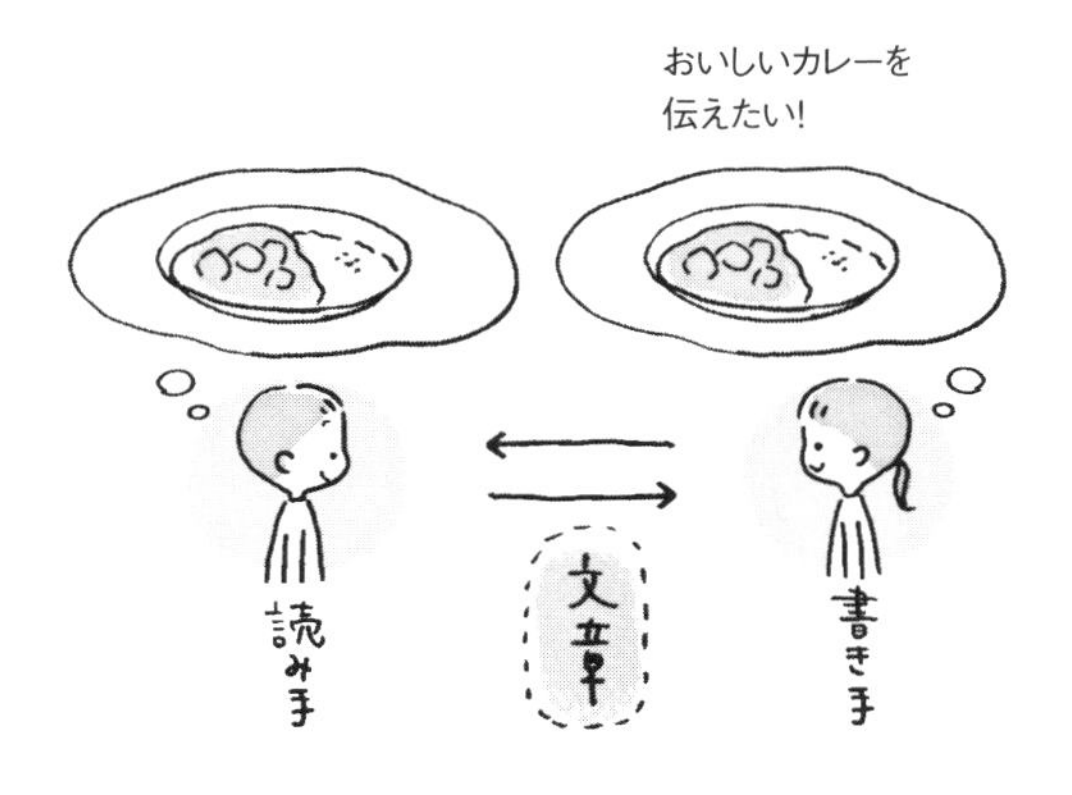

◎おいしい料理を食べた。

◎色もきれいで器や盛り付けも素晴らしい。

◎自分だけの経験にしておくのは惜しい。

➡ だから、誰かに伝えたい。

2 誰に書く？

作文には、相手がいます。相手意識を大切にしましょう。
作文というのは相互理解です。

文章を書くには、いろいろな技巧を使いこなせることも必要ですが、本当に大切なことは、伝えたい気持ちです。

この人に「伝えたい」「分かってもらいたい」という気持ちが一番の表現力になると思うのです。

そして、読み手も、分かりたいという気持ちで受け取ってくれるとさらに伝えたいという気持ちも増します。

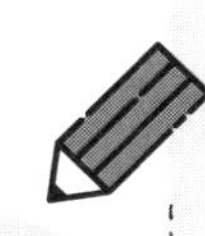

3 シャッターチャンスは一度だけ

「作文を書くときは、心の中のカメラのシャッターを一度だけ押すんだよ」
作文指導で私がいつも話す言葉です。次の作文を見てみましょう。

Cちゃんの作文

きょうは、お父さんとお母さんと妹で、公園へ行きました。
昼ごはんにラーメンを食べました。
帰ってからテレビを見ました。
楽しかったです。また行きたいです。

これだと、三枚の写真を並べただけになってしまいます。

作文を書くときは、書きたいところを一枚だけ選びます。

でも、それだけでは十分とは言えません。


さらに、ピントを合わせていきます。

公園で何をしているところが伝えたいの？

「ブランコを漕いでいるところ」

その中でみんなが注目する場面は？

「ブランコから落ちたところ」


そう！　それが、シャッターチャンス！

シャッターを押す瞬間です。

カシャ！　**シャッターチャンスは一度だけ**。見逃さないで！

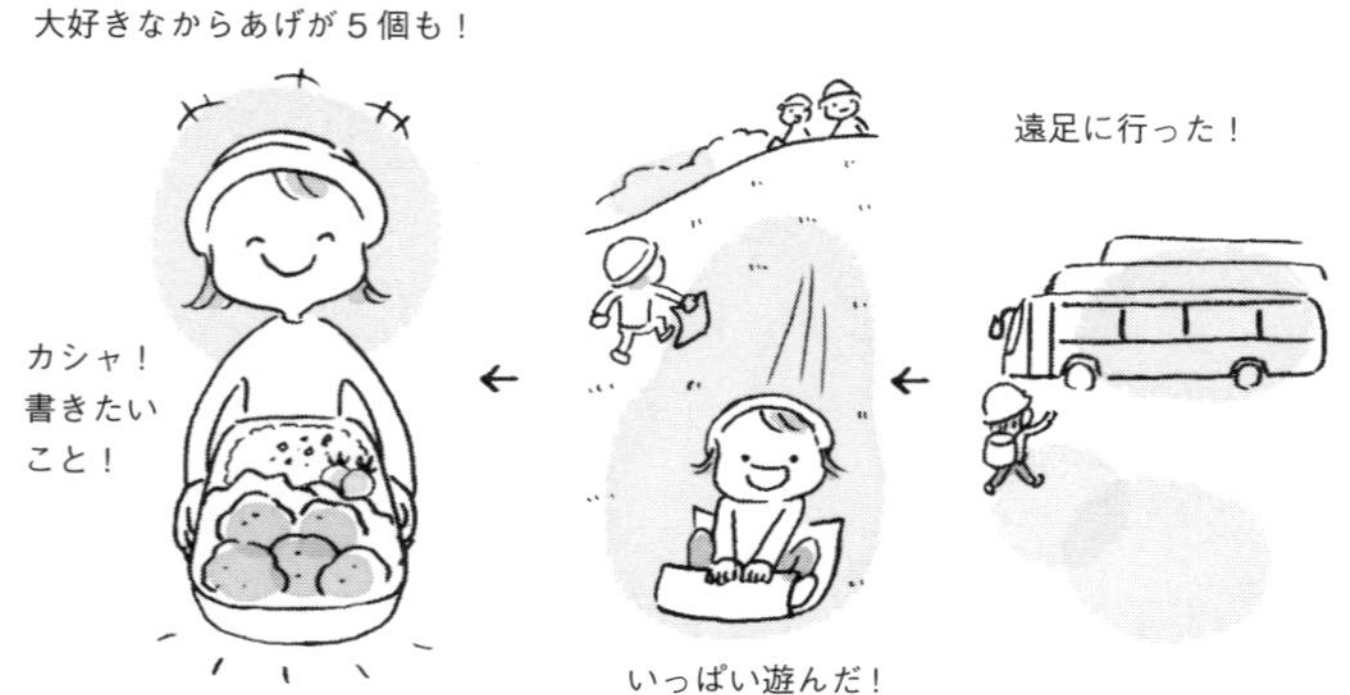

遠足に行った！
いっぱい遊んだ！
大好きなからあげが５個も！
カシャ！
書きたい
こと！

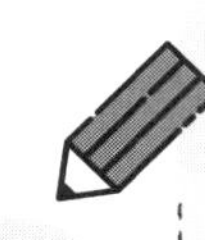

4 自分で自分に質問する

ぼくは、土曜日に、かぞくといっしょにスーパーへ行きました。

この作文を書いた子どもに「もう少し、詳しく書ける?」と言ってみてもなかなか難しい。

詳しく書くというのは、題材を決めるときに絞った目線を、今度はズームアップして、細かいところまで見ていくことです。

こんなときは、

「**自分に質問しながら　書いてごらん**」

こう言ってみてください。

自分の声「何を買いましたか？」
いちごを買いました。
↓
自分の声「どうして　いちごを買ったのですか？」
ぼくと弟が、いちごが大すきだからです。
↓
自分の声「どんなふうに選んだのですか？」
大きいいちごが五こ入ったのと、小さいいちごが八こ入ったのがあって、えらぶときにけんかになりました。
↓
自分の声「なぜ、大きいいちごがよかったのですか？」
がぶっと　食べたいから。
↓
自分の声「弟は？」
いっぱい入っている方がいいと言いました。
↓
自分の声「どっちを買ったのですか？」

やすいから　りょう方買いました。

自分の声「どう思いましたか？」←

けんかしてとくしたなと思いました。

さて、これを作文にしてみましょう。
自分の声を省いて、続けて書くとこうなります。

ぼくは、土曜日に、かぞくといっしょにスーパーへ行きました。いちごを買いました。ぼくと弟が、いちごが大すきだからです。スーパーには、大きいいちごが五こ入ったパックと、小さいいちごがたくさん入ったパックがありました。ぼくは、大きいいちごがいいと思いました。がぶりと食べたかったからです。弟は、いっぱい入っている方がいいと言いました。それで、けんかになりました。

「やすいから、いいわ」と、お母さんが、二つとも買ってくれました。ぼくは、けんかをしてとくしたなと思いました。


けんかの様子もよく伝わってきますね。

慣れてくると、子どもたちも結構楽しんで書けます。ただ、自分の声まで書いてしまった子が数名いました。でも、最初はそれでいいのです。

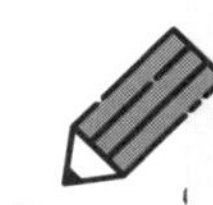

5 ほっぺたは落ちない

ハンバーグを食べました。
ほっぺたがおちるくらいおいしかったです。
ほんとに？　と、ツッコミたくなります。
……ほっぺたは落ちませんよね。

例えや比喩は効果的な表現方法です。私も、例えや比喩を使うように、指導しています。

おいしい＝ほっぺたが落ちる。
赤ちゃんの手＝もみじのような手

時代はどんどん変わっています。

誰でも知っているありきたりな言葉を使っていては、ちょっとつまらないと思いませんか。

その子どもが本当にそのように感じたら、たとえ拙い表現であっても、それは、その子らしさを表しています。

一人一人の感じ方を大切にしたいのです。

しっかり見て、聞いて、心で感じたことをそのまま言葉にするだけでいいのです。

うまく書こうとしなくていい。**自分にしかできない表現**で表してほしいのです。

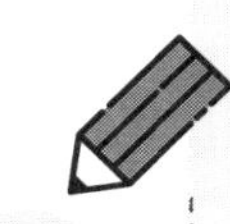

6 自分だけのオノマトペを

川上から　桃が　**どんぶらこ、どんぶらこ**　と　流れてきました。

この「どんぶらこ」が、自分だけのオノマトペのお手本です。

今まで聞いたことのないようなユニークなものを作って、みんなで楽しみたいですね。とは言っても、いきなり一から考えるのは難しい。そんなときは、置き換えてみるのです。

たとえば、『ピンときた！』（工藤直子『のはらうたⅢ』収録、童話屋、一九八七年、五二ページ）を使って考えてみましょう（一部抜粋し転載、太字は筆者）。

ピンときた！

せなかが**つるつる**してきたぞ
おなかが**ぷわぷわ**してきたぞ
なにかいいこと　あるんだな
ゲコッとひとこえないてみる

かえるたくお

太字のところを、違うオノマトペにしてみましょう。
たとえば、「つるつる」を「**ざらざら**」にすると、全く別のカエルになります。そのとき、「ぼくは、『**つるんつるん**』にする。だって、『つるつる』よりももっと滑る感じだもん」と、理由を話すことでカエルの背中のイメージがどんどん具体的になり目に見えるようです。「じゃあ、『**つるりつるり**』は？」と、一字換えるだけでも、またまたカエルの背中が変わります。

郵 便 は が き

料金受取人払郵便

本郷局
承認

3601

差出有効期間
2022年２月
28日まで

１ １ ３ ８ ７ ９ ０

東京都文京区本駒込5丁目
16番7号

東洋館出版社
営業部 読者カード係 行

ご芳名	
メール アドレス	@ ※弊社よりお得な新刊情報をお送りします。案内不要、既にメールアドレス登録済の方は右記にチェックして下さい。□
年 齢	①10代 ②20代 ③30代 ④40代 ⑤50代 ⑥60代 ⑦70代～
性 別	男 ・ 女
勤務先	①幼稚園・保育所 ②小学校 ③中学校 ④高校 ⑤大学 ⑥教育委員会 ⑦その他（ ）
役 職	①教諭 ②主任・主幹教諭 ③教頭・副校長 ④校長 ⑤指導主事 ⑥学生 ⑦大学職員 ⑧その他（ ）
お買い求め 書店	

■ご記入いただいた個人情報は、当社の出版・企画の参考及び新刊等のご案内のために活用させていただくものです。第三者には一切開示いたしません。

Q　ご購入いただいた書名をご記入ください

（書名）

Q　本書をご購入いただいた決め手は何ですか（1つ選択）

①勉強になる　②仕事に使える　③気楽に読める　④新聞・雑誌等の紹介
⑤価格が安い　⑥知人からの薦め　⑦内容が面白そう　⑧その他（　　　　　）

Q　本書へのご感想をお聞かせください（数字に○をつけてください）

4：たいへん良い　3：良い　2：あまり良くない　1：悪い

本書全体の印象	4―3―2―1	内容の程度/レベル	4―3―2―1
本書の内容の質	4―3―2―1	仕事への実用度	4―3―2―1
内容のわかりやすさ	4―3―2―1	本書の使い勝手	4―3―2―1
文章の読みやすさ	4―3―2―1	本書の装丁	4―3―2―1

Q　本書へのご意見・ご感想を具体的にご記入ください。

Q　電子書籍の教育書を購入したことがありますか?

Q　業務でスマートフォンを使用しますか?

Q　弊社へのご意見ご要望をご記入ください。

ご協力ありがとうございました。頂きましたご意見・ご感想などをSNS、広告、宣伝等に使用させて頂く事がありますが、その場合は必ず匿名とし、お名前等個人情報を公開いたしません。ご了承下さい。

音を入れ替える遊びから始めて、だんだん言葉のもつイメージを感じることに進んでいくといいですね。

子どもたちに、「表現とは、もっと自由に遊べるものだ」と感じてほしいです。そうすれば、きっと、オリジナルのすてきな言葉でいっぱいになりますよ。

7 原稿用紙を使わない

作文の入門期には、あえて原稿用紙は使わずに、罫線だけで書かせた方がよいと思います。

理由は二つ。一つめは、子どもたちの緊張感を緩める。原稿用紙というと、改まった感じがしてしまって余計な不安を与えてしまうからです。慣れるまではハードルはできるだけ低く、ということですね。

二つめは、直すときに楽だから。書き間違いを直すときに原稿用紙だと字数によって、マス目に合わなくて困ってしまいます。罫線だと、付け足したいときは字を小さくするだけでよいので直しやすいのです。

作文の入門期は、**形式ではなく作文の内容に集中させたい**。書くことへの抵抗がなくなってから、ゆっくりと原稿用紙の使い方を教えた方がいいでしょう。

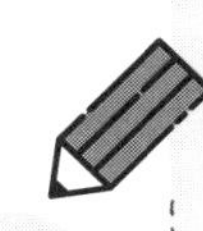

8 最低限度の形式だけ教える

書くことに慣れてきたら、原稿用紙の使い方を教えていきます。内容重視というスタンスはそのままにして、最初は**どうしても教えるべきことだけ**に絞ります。

❶題名は 二マス空ける（決まりはありません）
❷段落の始めは、一マス空ける
❸文章の終わりには。をつける
❹。「」、は一マス使う
❺会話は行を変える
❻最後のマスの。や、の書き方

原稿用紙の使い方

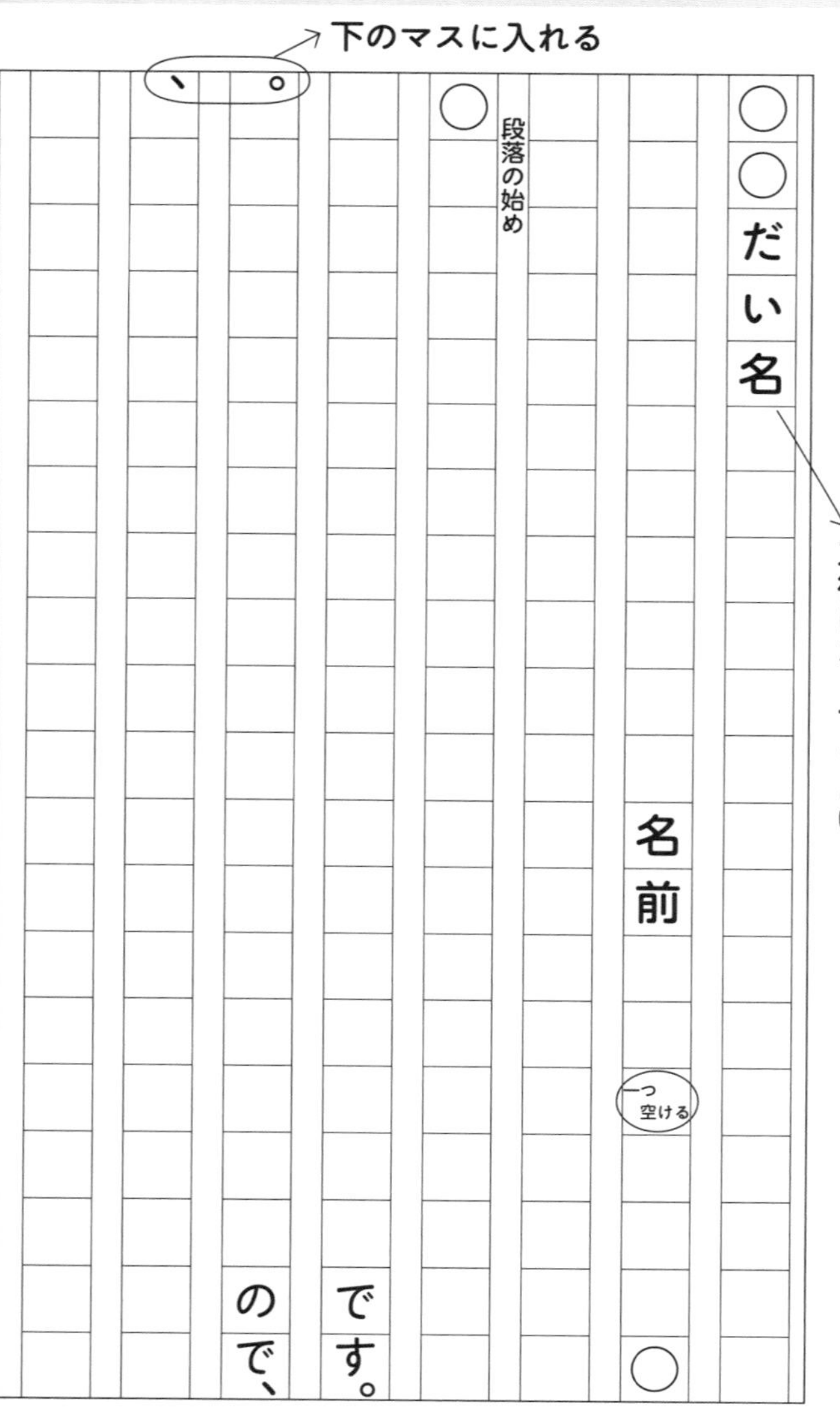

行を変える

「

　　　　　　。」

と、言いました。

9 長い作文は飽きる

作文は、長いほどいいのでしょうか？


「Dくん、作文がうまくなったんですよ」

十数枚の作文用紙を手にした先生。

国語の学習で自分の物語を作るという単元で書かれたものでした。冒険に出かけた主人公が、途中で倒すべき相手と出会って戦う場面が中心になっています。

Dくんの作文

「お前は　だれだ？」

「オレの名前は〇〇だ。」

「いくぞ。」

「おう!」

「お前、なかなかやるな。」

「おう、まけないぞ。」

「なんだと。オレもだ。」

「とりゃあ。オレのけんをうけてみろ。」


この作文をどう思いますか?

今まで、作文に興味がなかったDくんが、長く長く書けたということは素晴らしいことです。けれども、文章力はアップしたのでしょうか? 答えはNOです。

なぜなら、**長過ぎる作文は、読み手が疲れてしまいます**。伝えたいことが分からないためです。

私は、三年生までは「作文は原稿用紙一枚でいいよ。多くても二枚まで。それ以上は書かないでね」と言っています。

よい文章というのは、相手に伝わる文章です。ですから、全てを詳しく描写する必要はありません。無駄なところは省いて分かりやすい文章にすることが大切です。読み手が行間を読んでくれる文章。ここぞという見どころだけをズームアップして書くことを学んでもらいたいのです。

できるだけ短い文章で、いかに多くのことを伝えることができるか。

同じ言葉の繰り返しを避け、大事なところだけを短く分かりやすく書くのがよりよい作文だと考えます。

10 アイテムをゲット

子どもたちの大好きなゲーム。ゲームで勝つためには、様々なアイテムを持っている方が有利です。

作文で使えるアイテムを子どもたちにたくさんゲットしてもらいましょう。

「〜たり〜たり」が、教科書の教材文に出てきたらチャンス！　意味や使い方だけでなく、文章作りをしましょう。ノートやプリントに書く必要はありませんよ。短い文を口頭で発表してもらうだけで十分です。

そのときに、必ずこの一言を言ってくださいね。

「**アイテム　ゲット！**」

「次に作文を書くときに、このアイテム使えるよ」と、私は、いつも一言添えています。

実践へとつなげましょう。使うことができてこそ、自分のものになったと言えるのです。

そして、ここが大切です。作文の中でゲットしたアイテムを使っている子どもを見付けたら、必ず取り上げて、みんなの前でその文を読みます。言葉の使い方も再確認できるし、「ぼくも使ってみよう」という意欲を高めることができるからです。

このような活動を繰り返すことで、**作文の学習は日常のものとなります**。読むこと→書くことという流れができます。

子どもたちは、図書室や家で読んだ本で出会った表現を自分の作文に生かすようになってきます。

「アイテム　ゲット！」と、子どもたちと一緒にどんどんアイテムを集めていきましょう。

作文を書いていたときに、後ろばかり振り返る子どもがいました。不思議に思っていると、アイテムが貼ってあるコーナーを見ていたのです。

作文アイテムコーナー

「なぜなら　～だから。」

「まるで　～みたい。」

「まるで　～ようだ。」

「ぜったい　～ない。」

「おそらく　～だろう。」

「もしかしたら　～かもしれない。」


作文を書くときに、子どもたちがいつでも見られるようにしておきましょう。

11 つなぎ言葉は一つだけ

ぼくが、ボールをけると、お父さんも強くけりかえしたけれど、ゴールには入らなかったので、さっきよりもっと強くけったから、今どはゴールに入ったので、うれしかったです。

このような作文、よく目にしますよね。さて、誰の蹴ったボールが、ゴールに入ったのでしょう?

よく見ると、この文には句点が一つしかありません。これは、長い長い一文なのです。**つなぎ言葉の使い過ぎ**です。文章が絡まってしまって、一つ一つの動作を誰がしたのか分からなくなってしまっています。この作文を、六文に分けてみました。

ぼくは、ボールをけりました。お父さんも強くけりかえしました。けれど、ゴールには入りませんでした。（ぼくは、）さっきよりもっと強くけりました。今どはゴールに入りました。すごくうれしかったです。

ぼくが蹴ったボールがゴールに入ったのがよく分かりますね。

また、スピード感も感じます。

子どもたちは、「**けど**」「**ので**」「**から**」など、つなぎ言葉が大好きです。短い文を重ねるよりも、長い文章の方が、文章のレベルとして高いと思っているのかもしれませんし、その気持ちも確かに分かります。せっかく覚えたのだから使ってみたいと思うのも素晴らしいことです。

ただ、つなぎ言葉は一つの文に一つだけ。シンプルで簡潔な文が一番伝わりやすいのです。

12 NGワード

「**いろいろなもの**を食べました。」

「とても**おいしかった**です。」

「**楽しい**一日でした。」


「いろいろな」「おいしい」「楽しい」

これらを並べてみると、なんとなく作文ができあがった気持ちになります。

でも……この文章を読んで、本当に、おいしさや楽しさが伝わってきましたか？


これらの言葉は、作文でのNGワード。安易に使わない方がいい言葉です。

ぴったり合う言葉がうまく見付からなくて苦しくなったとき、**逃げ込める便利な言葉**。それが、NGワード（たとえば「NGワード」の実践については、沼田晶弘『「変」なクラスが世界を変える！―ぬまっち先生と六年一組の挑戦―』（中央公論新社、二〇一七年）などが参考文献として挙げられる）。

どんなときも簡単に使える言葉では、共感を得ることはできないのです。

文章を書くには苦しみが必要です。情景や様子を頭の中で再現し、自分の気持ちを思い出し、自分がもっている言葉の中から一番ぴったりする言葉を探し出す。考え、悩み、苦しむという厳しい時間。けれども、その過程を通ってこそ、読み手の気持ちを動かす文章を書くことができるのです。

楽々と文章を書き上げていると思われる著名な作家さんでも、作品を作り上げるときは、苦しいと聞きます。

自分と向かい合って、見付け出していった言葉や文章が、読み手の気持ちを動かしたときの喜び。それを、子どもたちにも味わってほしいのです。

13 会話文から始めてみる

すぐ使えるオススメの簡単テクニックを一つ。
それは、「会話文から始める」ことです。

「だめだよ。こっちを見て。」
私は、叫びました。

こんな書き始めは、いかがですか？
何か大変なことが起こりそうですね。
とにかく**インパクト大**。この後の文章が読みたくなりますよね。
会話文から始めると、読者の興味を誘うことができます。

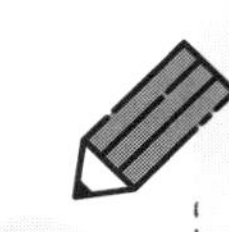

14 素直な本音が胸を打つ

だから、ぼくは買い物がきらいなんだ。

ある男の子の日記のしめくくりです。日曜日にお母さんとお姉ちゃんと買い物に出かけ、二人があれこれ洋服を選んでいた様子を日記に書きました。何度も試着を繰り返し、三〇分くらい待たされたけれど、結局は何も買わずに帰ったんだそうです。

私は、吹き出してしまいました。

小学二年生の素朴な感想です。

「とても楽しい買いものでした。」という終わり方と比べてみてください。こちらの方が、読む人も楽しいのではないでしょうか。それは、**鋭い観察と彼の素直な感性から生まれてきた本音**だからです。

15 丈夫な幹から自由な枝が育つ

作文には、誰でも簡単に書くことのできる技術を身に付けるためのマニュアルが必要だと思っています。そして、また、一人一人の個性や感性も必要だとも思います。

この二つは、矛盾しているようにも見えますが、そうではないのです。

マニュアルは、木の幹を育てるもの。

いきなり「あなたらしく書いていい」と言われても、それは無理です。必要な技術（幹）を身に付けた上に、自分だけの表現が生み出されてくるのです。

特に、低学年の間は、ワークシートを使うなどして、型（フレーム）から入ることが大切だと思います。ただ、型に押し込んでしまうことのないようには気をつけたいですね。

フレーム（幹）を示しながら、そこから生まれる**その子らしさ（枝・葉・花）**を育てることを意識したいですね。これから伸びてくる枝や花になるつぼみを見付けて育てることが大切です。

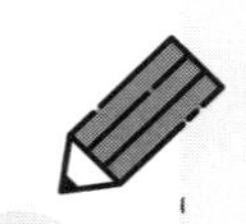

16 毎日五分で育てる語彙力

作文を書くには、やっぱり語彙力がほしい。

でも、語彙をたくさん習得するには、時間が必要です。

毎日五分だけ、語彙を増やす時間に充てましょう。とは言っても、計画を立てたり時間割に設定したりする手間はいりません。

一日のどこかの学習で新しい言葉を身に付けてもらおうという教師の心構えがあればよいのです。たとえば道徳でも図画工作でも体育でも、どの教科等でもそれはできます。

図画工作の学習
切る　→　切りそろえる
　　　　　切りはなす

切りこみを入れる
はる　→　はり合わせる
　　　　　はりつける

このような違いを、図画工作では実際の作業を通して覚えることができます。**体験を伴う学習**の方が子どもたちには身に付くのです。

ここで、言葉で説明するだけで終わるのはもったいない。やはり板書するなどして子どもたちに印象付けましょう。その手間が、一日一教科を選んで五分間。そうやって教師が意識するだけで、一日一個としても一年間で一〇〇個以上の言葉を覚えることができます。

17 「なぜかというと」がワンパターン作文を生む

ぼくは、どうぶつ園へ行きました。なぜかというと、どうぶつがすきだからです。さいしょにライオンを見ました。なぜかというと、かっこいいからです。つぎに、さるを見ました。なぜかというと元気だからです。

一年生なら、とても素晴らしい作文です、でも、三年生ならどうでしょう?「なぜかというと」の多用で、すてきな内容が伝わりにくくなってしまっているようです。

国語の学習で理由を書く学習はどの学年でもしていると思います。理由を明らかにすることは、とても大事です。

ただその後、長い文章を書くには、「なぜかというと」を使えばよいと定型化することのないよう気をつけなければなりません。もちろん初期段階では、型は基本となります。けれども、少しずつ、**その型から外れていくこと**を教えることも大切です。

さきほどの作文を次のような点に気をつけて、書き直してみました（各マークについては一三八ページ参照）。

❶「なぜかというと」という言葉を取る。
❷「見ました」が二回あるので、一つを「行きました」に変える。
❸理由の代わりに　体験（目　耳　手触り　心で感じたこと）を入れる。

ぼくは、どうぶつ園へ行きました。どうぶつがすきだからです。♡早く見たいなと思いました。

さいしょにライオンを見ました。かっこよかったです。👁大きな口であくびをしていました。つぎにさるのところに行きました。👂「きゃー」と元気な声でさけんでいました。♡えさのとり合いをしているみたいでした。

18 話し言葉と書き言葉

私は、**話し言葉と書き言葉の違い**を、一年生のときから、意識して教えるようにしています。以前は、話し言葉で書く方が、文章が書きやすくなるのではと考えていた時期もありましたが、書くことへのハードルは別のところにあると思ったからです。

むしろ、低学年のときからこの違いをはっきり示しておかないと、高学年になってから違いを指摘して直すことが必要になってくることもあります。

話し言葉	書き言葉
～しました。**あと**　～しました。	**そして**
し**ちゃった**	して**しまった**
して**る**	して**いる**

したんです
けど
ゆう

したのです
けれど
いう

第4章 作文を評価する

1 次の作文のために評価する

大人もそうですが、文を書いた後は、「**とりあえず最後まで書けた**」と、安心してしまって、自分の文を読み返すところまでいけなかったりします。振り返りをしないのです。

そもそも、文章の評価というのは誰がどこでどのようにするのでしょうか?「ここはいいね」と褒めたり、「こうした方がいいよ」と直してもらうチャンスがなくていいのでしょうか。

どの教師も、漢字や計算なら間違ったところを直すよう指導します。けれども、文章の評価は、今まであまり重視されてこなかったように感じます。それは、小学校だけでなく、中学校でも高等学校でも、特別な場合を除いて同じような状況ではないでしょうか。

あるいは受験や就職活動では、どうでしょう?

入試の課題文や就職の履歴書の自己アピールのための文章も、評価されて合否に大きく関わっているはずなのに、どこがうまく書けたのか、どこがよくなかったのかが本人に知らされることはありません。

このように、中学校、高等学校、大学、職場と、子どもから大人へと文章を書く場所が変化しても、自分の文章と向き合う機会はなかなかないのです。

コンクールの代表に選ばれたり入賞したりするなどの経験がないかぎり、自分の文章はうまく書けていないのではないかという漠然とした不安をもってしまいがちです。

長所も欠点も明らかにされなければ、伸ばすことも直すこともできませんから、やはり作文にも**フィードバックが不可欠**なのです。

大人になってから文章を添削してもらうのはとても難しいことです。文章が長く複雑になるので、直す側にもかなりの技術が必要となります。文章の校正も複雑です。そうなると、おそらくほとんどの人が、大人になっても自分の文章と向き合ったことがないという事態に陥ってしまいます。このままでは、いつまでも自己流で文章を書いていくしかありません。

だからこそ、小学校の子どもたちに、今のうちに自分の文章を他者の視点から振り返る機会をつくってあげてください。

評価を難しく考えることはありません。

「今回の作文では、文章の終わりに。がついていればよい」

それくらい、単純に考えてみましょう。

それができたらだんだんレベルを少し上げていって、少しずつ少しずつ評価していきましょう。その代わりにできていない場合は、必ず指摘することが必要です。そこには、勇気をもって赤ペンを入れていきましょう。

よくできているところを明確にすることによって自信をつけたり意欲を高めたりすることが大切です。そして、一番大事なのは、**次にどうすればよいのか**をはっきり示すことなのです。

2 「自由に書いていい」が一番辛い

めあて→ワークシート→振り返りをリンクさせる

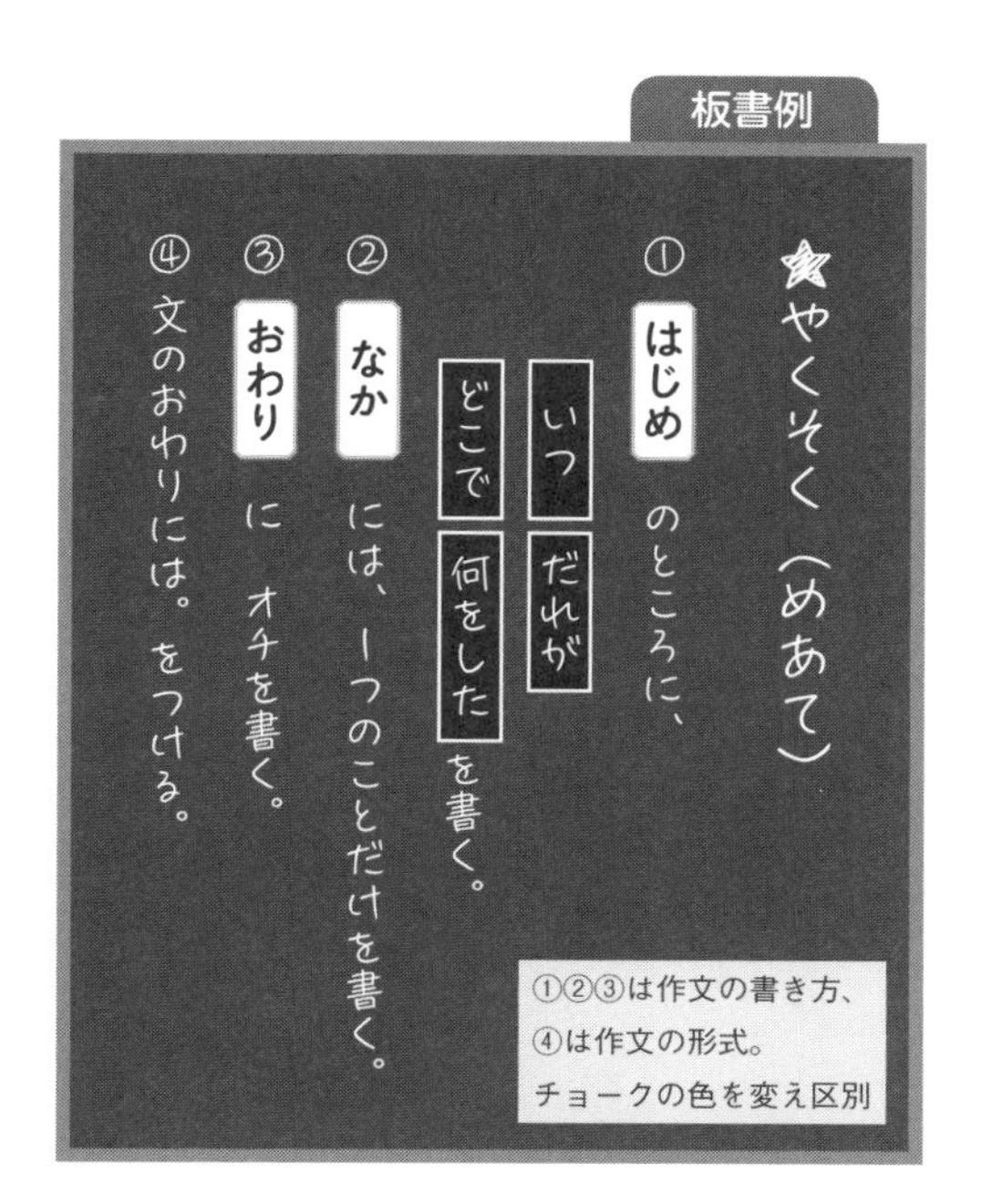

教師がよく使う言葉に「何でも」「自由に」「思うように」があります。

これらの言葉は実は、教師が明確な方向を示しておらず、**子ども任せ**にしてしまうことを意味します。

「自由に」という言葉は、書き方がまだ分かっていない子どもにとっては〈むごい言葉〉だということを自覚しましょう。書き始めに**必ず約束(めあて)を決めましょう**。それが、作文を書いた後の評価の基準になります。

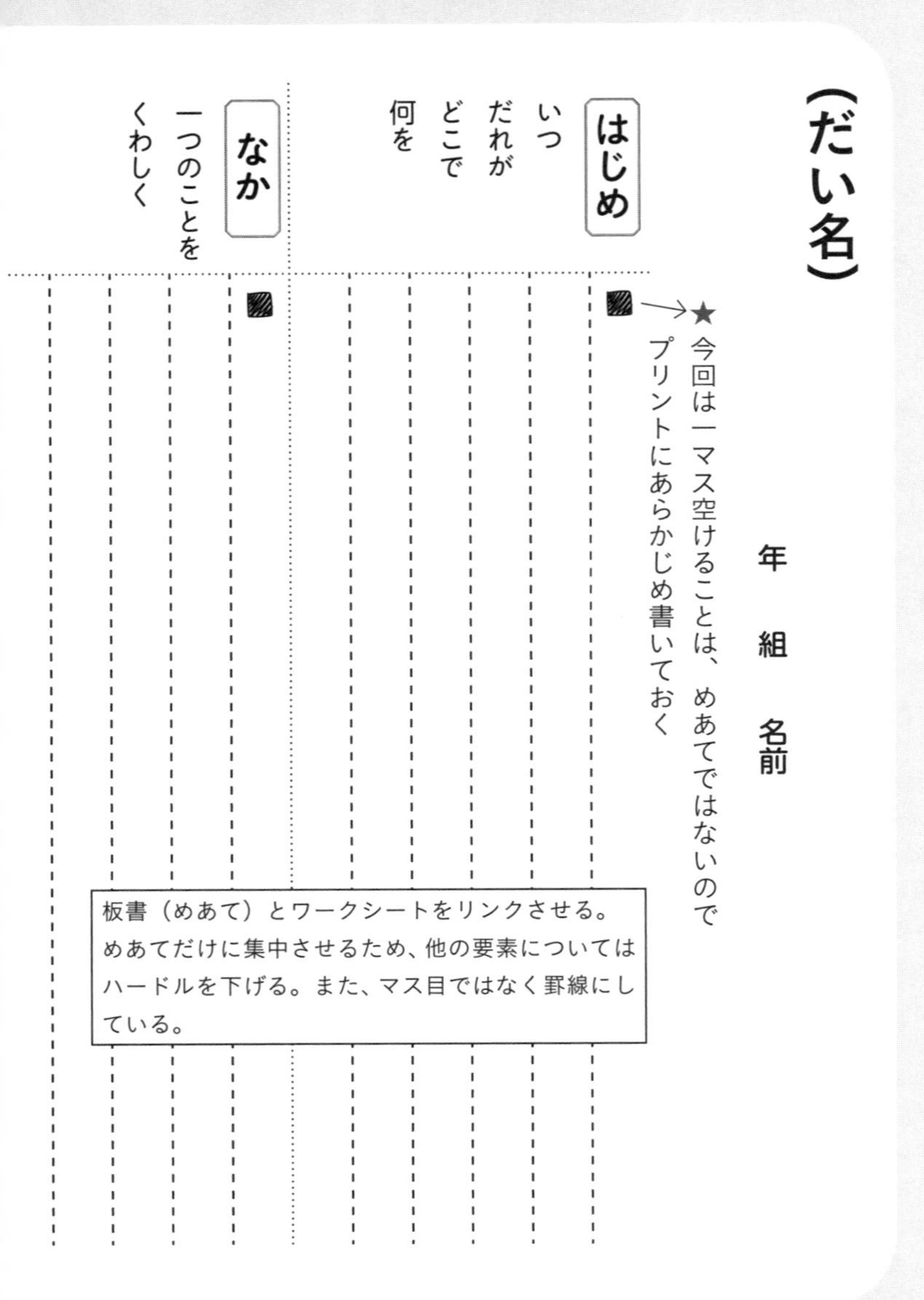
（だい名）
年　組　名前
★今回は一マス空けることは、めあてではないのでプリントにあらかじめ書いておく
はじめ
いつ
だれが
どこで
何を
なか
一つのことを
くわしく
板書（めあて）とワークシートをリンクさせる。めあてだけに集中させるため、他の要素についてはハードルを下げる。また、マス目ではなく罫線にしている。

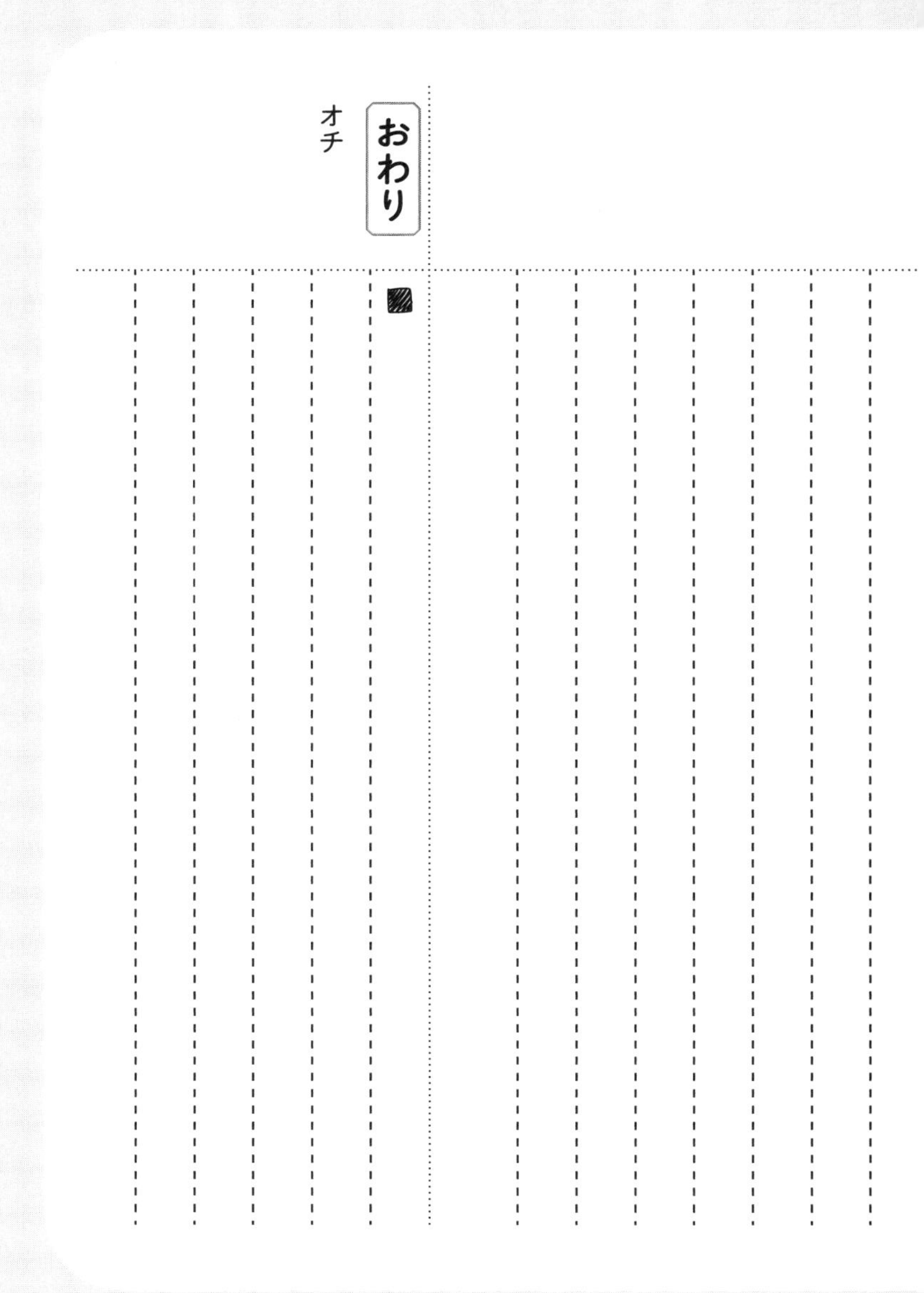
おわり
オチ

3 振り返りカード

前のページの板書例にあるように、作文を書き始める前に、しっかりとめあてを決めておくことが大切です。

		自分	先生
1	はじめ のところに、いつ　だれが　どこで　何をした　を書く。	○	○
2	なか には、一つのできごとだけを書く。	○	△

3	**おわり** に　オチを書く。	○	○
4	文のおわりには。をつける。	○	△
コメント	**なか** が　買いものに行ったことと、テレビを見たことの二つのできごとになっています。どちらかつたえたい方をくわしく書きましょう。買いもののとちゅうで弟とけんかになったところを書いたのはいいですね。みんなもきょうみがあると思います。「」をつかって会話を書くといいですね。		

ポイント

★振り返りカードの項目は、めあてと一致させる。
★本人と教師の評価が違うところをコメントで説明する。
★コメント欄には、必ずよいところを書く。その上で、さらに次の作文の課題になることを指摘する。

4 先生からのコメント

日記や夏休みの作文には、「先生からのコメント」を書くことが多いですね。コメントを評価として使うコツについてお話しします。

キャンプに行きました。いっぱいあそびました。川であそびました。バーベキューもしました。テントでねました。楽しかったです。また、行きたいです。

この日記に対する教師のコメントとして、どちらが、いいと思いますか?

A　かぞくで楽しくすごせてよかったですね。
B　どんなあそびをしたの?　また、お話を聞かせてね。

Aは、ただの感想です。

では、Bは？

子どもの日記には、遊んだ内容が書かれていなかったので、先生は、暗にそのことを伝えようとしています。ただ、視点はいいのですが、この曖昧さだと教師の意図は子どもに伝わりません。

褒める点も、こうしたらよりよくなる、という課題点もはっきり明確に伝えなければなりません。

長いコメントは必要ありません。教師が評価としての**意識をもってコメントを書いているのか**ということが大切です。

川あそびで、家ぞくぜんいんがずぶぬれになったところは、楽しすぎて大さわぎになってしまったようすが目の前にうかんできました。（※褒めるコメント）

つぎは、「」をつかうといいですね。会話も入れるとさらにくわしくようすがつたわってくると思います。（※今後の課題コメント）

5 学年別　評価のポイント

学年別の評価のポイントをいくつか例としてまとめておきます。

1年生

- いつ、誰が、どこで、何をどうしたかが分かるように書く。
- 文末に。をつける。
- 主語と述語を合わせる。

2年生

- 順序を考える。
- 二つ以上の文をつなげない。
- 書きたいことを一つに絞る。

3年生

- はじめ なか おわり の構成を考える。

- なか を詳しく書く。
- おわり に自分の伝えたいことがまとまっている。
- 「」を使う。
- NGワードを使わないようにする。

4年生

- 題材を選ぶ。
- 作文メモを効果的に使う。
- 中心をはっきりさせて書く。

5年生

- 全体の流れを考えて書く。
- 書き出しと結びの対応を考える。
- 新聞・テレビ・インタビューからの客観的な情報と自分の考えを分けて書く。

6年生

- 相手意識を明確にして書く。
- 随筆と意見文の違いを意識して書く。
- 伝えたいことを効果的に表現するために、構成や叙述を工夫する。

以上のポイントは目安です。子どもたちの実態に応じて変えていきましょう。

大切なことは、一回の作文で欲張らないことです。特に低学年のうちは、一回につき、一、二個のポイントに絞りましょう。


作文教材だけが文章を書く学習をしているわけではありませんから、文作りをするときなら、文の終わりには。をつける。

詩を作る学習なら、自分だけのオノマトペを一つは入れる。

生活科の観察日記なら、今日は見たことを一つは入れる、日記の宿題なら、会話文を一つ使う、などをポイントにしてはどうでしょう。


大事なことは、作文を書く前に評価のポイントを　めあてとして伝えておくことです。

最初は　一つ、二つから。多くても　五つまでにしましょう。

作文によってめあては変わりますので、評価のポイントも毎回変えます。

6 文章の種類によって書き方は変わる

文章には、随筆、小説、論文など、いろいろな種類があります。

では、子どもの作文はどうでしょう？　運動会の後の作文も読書感想文もオススメの本の文章も一括（ひとくく）りにされてしまっているのではないでしょうか。


なんのために文章を書くのか。まず、そこを子どもたちに考えてもらいましょう。目的に合った書き方を提示しましょう。

本のことを書いてはいても、読書感想文は、自分のために、本を読んだ自分の気付きや成長について書く。オススメの本は、自分が選んだ本を友達に読んでもらうために書くという違いがあります。

	小説型	随筆型	論文型
大人	小説型	随筆型	論文型
小学生	物語	体験文	説明文
相手への働きかけ	自分のつくり上げた世界を伝える	見たこと・思ったことを共感させる	自分の考えを理解・納得させる
	空想	事実	
書き方	伝えたいことを連ねていく		投げかけと結果で中身をはさむ
型	4コマ型 紙芝居型 列車型		サンドイッチ型

7 アメリカでの教育 ―読み取りから作文へ―

娘が小学一年生のときに、ニューヨークの現地校に通っていました。

そこでは、毎週末、読書レポートという課題が出されました。

好きな本を一冊読んで内容を「はじめ」「なか」「おわり」の三つにまとめるという宿題です。

「自分の感想は付け足さなくてもいいのですか」と、聞いてみました。

すると、担任の先生は、自分がどう感じるかという主観的なことよりも、まず、何が書かれているのかという客観性が大切だとおっしゃいました。「〜だと思いました。」と、書くよりも、内容を正確に把握すること。論理的に捉えることに重きが置かれていたのです。

その力は、一年かけて徹底的に鍛えられました。

一年生では、読み取ることに専念していて、まとまった作文を書くという学習はなかったと記憶しています。「はじめ」「なか」「おわり」の構成についても読み取りを通して学習し、文章とは、このように書くものだということを、体得するのでしょう。文章を書くという次の段階において、書くことへのハードルはかなり下がるのではないでしょうか。

このアメリカの学校のやり方をそのまま、まねることはありませんが、一年生のやっとひらがなを覚えた子どもに、**いきなりまとまった文を書かせるということに、もっと慎重になるべき**だとは思います。

作文の初期段階には、ぜひ読み取りを入れていきましょう。作文に正解はないけれども、読み取りでは、正しく読み取れているかの判断ができます。文章の大きな流れやまとまりを捉えられるかということが、筋の通った文章を書けるかということにつながっているのです。

8 子どもへの評価は教師自身への評価

どの教科でも同じですが、**子どもたちへの評価は教師自身の評価**になります。できれば先送りにしてしまいたくなります。

けれども、次の学習につなげるためにも、しっかり評価していくことが大切です。

私たちは、自分がめあてに設定したような文章が書けているのか、真摯に向き合う必要があります。もし書けていないとしたら、次はどうすればよいのかを考えることが必要です。

うまくいったときは、ぜひ、教師仲間と共有しましょう。

第5章

発展させる

国語を広く捉えて「書く活動」を広げる

文章を書く学習＝国語と考えると、狭くなります。**国語をもっと広く捉えましょう。**

特に、作文をメインに考えるとちょっと苦しい。低学年でもまとまったものを書くとなると、五、六時間はかかります。作文だけにたくさんの時間を使うことはできません。でも、書く活動はいろいろなところでできます。

書く学習には、例えば次のようなものがあります。

- お話作り
- 日記
- 詩

俳句
だじゃれ
なぞなぞ
ことばあそび

特に、だじゃれやなぞなぞは三分もあればいいので、授業の始めや終わりの三分にオススメです。

授業から離れてもチャンスはあります。
給食を食べ終わった子どもによるなぞなぞタイム。朝のスピーチ代わりの名前を使った自己紹介。帰りの会でのクイズ係の係活動など、子どもたちが自分から進んで楽しめますよ。

では、その一つ一つについて、説明していきましょう。

〈いろいろな単元①〉お話作り

お話作りは、子どもたちが好きな学習です。国語の単元にもあります。

お話作りのポイントとしては、次が挙げられるでしょう。

① キャラクターの設定。主人公の名前や性格、お話が始まる舞台などを考える。
② 場面をいくつにするか決める。
③ 終わり（オチ）をハッピーエンドにするか悲劇にするか決める（悲劇だとしても、あまり悲惨なものにならないよう助言する）。
④ 仮の題名を決める。
⑤ 最初の場面、終わりの場面を書く。
⑥ 残りの場面を書く。

（場面ごとにメインの事件がある。
登場人物が増えたり、新しい場所に移動したりして何かの事件が起こる）
⑦　書き終わったら、最終的に題名を決定する。

構成の教え方は、六八、六九ページの紙芝居作文や四コマ作文などを参考にしてください。「はじめ」と「おわり」だけの二場面、「はじめ・なか・おわり」の三場面、起承転結のある四場面など、学年や発達の段階、実態に合わせて変えてください。

絵をかくことは、場面をイメージするのに役立ちますが、絵は作文メモの代わりです。学年が進むにつれて、絵の描写を文章で分かるように書き表すことを目指しましょう。

書き方が分かると、簡単なプロットを書くだけで、原稿用紙に直接お話を書くことができるようになります。

〈いろいろな単元②〉

日記

日記を書かせることにはいろいろなねらいがあります。

子ども自身の生活の記録。教師が子どもを理解する。題材を見付ける目を養う。文を書くことに慣れる。

私は日記では、子どもたちの視野を広げたり、深めたりすることを第一の目標としています。だから、段落の始まりで一マス空けていないなどの形式的なことには、重きを置いていません。

日記では次の三つだけを約束しています。

❶ 一つのことについて書く。
❷ 誰が（主語）　どうした（述語）が呼応している。
❸ オチがある。

日記というと、コメントを書くのが手間なイメージもありますがコメントが書けないから日記の宿題を出さないというのは、どうにももったいない。私は、長いコメントは書かなくてもいいと思っています。波線や◎、はんこやシール、先生独自の記号でも十分ではないでしょうか。それよりも、時間を見付けて、できるだけ多くの日記を読んでみんなに聞かせる。その日記のよいところを共有するのです。

わたしは、夏休みかぞくと花火を見に行きました。わたしが一番きれいだと思った花火は、にこちゃんマークの形をした花火です。青と赤がまじっていました。ドーンという大きな音がしました。弟がこわがってなきそうになりました。

👁 よく見ているね。
👂 よく聞いているね。
♡ 思ったことが書けたね。
✋ さわってみてかんじたんだね。
💡 すごいアイディアだね。

子どもたちとマークの意味を共用しておきます。

先生独自のマークを作ってみてください。

日記に何を書いていいか分からないという子どもが多くいます。こちらから課題を与えたり、あらかじめ題材を示して選べるようにしたりしておくと何を書いていいか迷う子どももも書きやすくなるでしょう。

日記の題材

なんで

・○○なんてなんであるの？

〜なら

・自分が○○だったら（校長先生　社長　芸能人　透明人間　スポーツ選手）
・○年後の自分に会ったら
・○○に住んでみたら
・願いが一つかなうなら

「」から始める

・「やったあ。」から始める
・「わたし悪くないのに……」から始める
・「見付けたよ。」から始める

どっち？

・○○と●●　どっち派？（パンかご飯　夏か冬　大人か子ども　犬か猫）

その他

・○○の取説（自分　担任の先生　お母さん　弟　ペット）
・ぼくのオススメ（ご飯　まんが　テレビ番組　芸能人　ゲーム）

〈いろいろな単元③〉

詩

詩の書き方の学習は、まずはまねをして書いてみることが一番簡単です。

まずは、読むこと。詩は、短いですから、読むのに時間はかかりません。できるだけたくさん読みましょう。

次は、視写。これも、それほど時間はかかりませんよね。金子みすゞさん、谷川俊太郎さんなどの詩集から好きな詩を選んで視写しましょう。詩から受け取ったイメージを絵に表して詩の世界を身近に感じられるといいですね。

覚えて暗唱するのもいいでしょう。詩の独特のリズムや表現を音によって自分のものにすることができます。

倒置、韻やリフレインなどの技巧もありますが、そういうものも細かく教えるよりも好きな詩に触れて、好きな詩のまねをしてみることがよい表現の近道です。

『おれはかまきり』（工藤直子『のはらうたⅠ』収録、童話屋、一九八四年、七〇－七一ページ）が私は大好きです。子どもも、たちまち覚えます。

おれはかまきり

かまきりりゅうじ

おう　なつだぜ
おれは　げんきだぜ
あまり　ちかよるな
おれの　こころも　かまも
どきどきするほど

ひかってるぜ
おう　あついぜ
おれは　がんばるぜ
もえる　ひをあびて
かまを　ふりかざす　すがた
わくわくするほど
きまってるぜ

私は、実はかまきりが大嫌いです。でも、この「かまきり」の詩に出会ったとき、心をぎゅんとつかまれたのです。まず、りゅうじという名前が素晴らしい。ちょっとつっぱったかまきりくんのイメージにぴったりです。「おれにちかよるな」と、いきって見せてはいますが、暑い日に働いている、がんばり屋さんのかまきり君。自分のことを「きまってるぜ」と言っているところがかわいく感じてしまいます。

私が好きな詩が、もう一つあります。
『かたつむりのゆめ』（工藤直子『のはらうたⅡ』収録、童話屋、一九八五年、一〇〇ページ）です。

かたつむりのゆめ

かたつむりでんきち

あのね　ぼく
ゆめのなかでは、ね
ひかりのように　はやく
はしるんだよ

でんきちくんをぎゅうと抱きしめたい気持ちになります。

この詩の学習をした後に子どもが書いた詩を紹介しましょう。

なぜ？

ブタ　ぶうた

ぼくは
ブーブーなく
いつも
ブーブーなく
なぜかは　ヒミツ

ぼくは
ひるねが　だいすき
ごはんをたべおわると
すぐねてしまう
なぜか　わからない

☆詩の作品は横長の紙に書くのがポイント

「なぜ？」と考える子豚くん。でも、最後は「分からないから、まあいいや」とご飯を食べて、やっぱりいつものようにお昼寝してしまう。そんなのんびりしたぶうた君が浮かんできて、温かい気持ちになります。

一連も二連も「ぼくは」で始まって、「なぜか」で終わっているのが驚きです。三年生の子どもの詩ですが、特別に教えていなくても、詩を鑑賞したり覚えたりする中で、自然に自分の表現として取り入れて書いているのです。

詩がどうしても、作文のように長い文章になってしまう子どもがいます。私は、用紙を横長のものにして、**物理的に長く書けない**ようにしています。

詩の形式を身近に感じるために、好きな歌の替え歌を作るのもいいですね。

初めて詩を書くときは、いきなり一人一人が書くのはかなりハードルが高いですよね。そんなときは、クラスで意見を出し合いながら一つの詩をみんなで作るのもよい方法です。また、グループでリレーをするように一行ずつ書いていくのもいいですね。

いずれにしろ、**あまり技巧にこだわらずに書く**。

「火曜日の国語の始めの五分」などと時間割の中に組み込んで定期的に継続して書くことが上手になるコツです。時間が来たら、書けているところまででオッケーにしましょう。

たこあげ

「やった」
やっと　あがった
うんどうじょうに
たこのかげが見えた

走って
走って
あつくなった
手がつかれた
ちょっと休んで

また　走った
おともだちと
わらった

運動場に映った凧（たこ）の影。凧は空にあがるものなのに上を見ずに下の地面だけを見ていっしょうけんめい走っている姿が浮かびます。手が疲れるくらいしっかり糸を持って、走って走ってやっとあがった凧。うれしくて、お友達と笑顔になったのでしょうね。

べん強
どんなにやってもおわらない
やってやって
やってやって
やっとおわったと思っても

またまた　出てくる
どこまでやってもおわらない

けれど
やればやるほど
どんどん
いいこともたまってくる

どんどん
どんどん
頭がよくなり
み来がひらける

やってもやってもやらなければならない。そうですよね。勉強って、やってもやっても終わりはない感じがしますね。素直な気持ちです。でも、ちょっと、見方を変えてみる。未来に目を向ける。まっすぐな視線が感じられる詩です。

子どもってすごい表現力をもっています。どんどん書いてもらいましょう。

光っている言葉。その子らしい言葉をキャッチ！

そして、シェアする。

それだけで、子どもたちは詩を書くのが好きになります。

なお、詩をまねして書いてみることは、初期段階のきっかけとして有効な指導ですが、その際には、著作権や引用についての指導も学年の指導内容も踏まえて触れていくことが重要です。

〈いろいろな単元④〉

俳句

俳句は究極の作文です。五・七・五のわずか十七音で情景や感情を表すなんてすごいことですよね。**決まった字数で最大限の情報を伝える**というトレーニングにはぴったりです。

小学生のうちは、季語などの難しい決めごとにはこだわらないで、子どもの季節感に任せた方がいいと思います。

特に低学年のうちは、言葉遊びで十分。とにかく五・七・五の字数にあわせて口ずさむ。中学年では、「楽しいな」「おいしいな」などの言葉を使わずに表現する楽しさを味わってほしいですね。また、高学年では、無駄な言葉を省き、自分にしか表せない表現を見付けることを目指したいです。

では、二年生の俳句を見てみましょう。

きれいだね　おちばが　ひらひらおちてくる

「おちば」を秋の季語としています。二年生としてよくある俳句です。

ころころと　ころんだどんぐり　りすたべた

「どんぐり」を季語として、五・七・五におさめています。
どちらも、二年生の俳句としては、素晴らしいものですが、
さらに、もう一歩、先を目指すなら、次の句などはどうでしょうか。

かっこいい　とんがっているぞ　まつぼっくり

私は、まつぼっくりを見てかっこいいと思ったことはありません。まつぼっくりというと、転がるというイメージが多い中で「とんがっていてかっこいい」と感じる個性が際立っています。ちょっとやんちゃだろうなと、この子どもの顔を想像したくなります。**頭で考えるのではなく、まつぼっくりを見て感じたそのまま**を書いているというところがとてもいいと思いました。

おいもほり　スープにしてね　ママのあじ

おいもほり＝焼きいも、という**定番ではない**ところに目をつけました。スープが**おいしい**ではなくて、「スープに**してね**」というところにも注目です。「してね」という言葉におおいもを抱えて走って家に帰る子どもの姿が浮かびます。見えてきます。娘が学校で育てたさつまいもで何を作ろうかしらと考えているお母さんの笑顔も。

決まり切った表現から離れることで、俳句が個性をもちます。そして、詠まれた状況が浮かんでくるのです。

ふゆくるぞ　たべものはこぶ　くろいれつ

「冬来るぞ」ということは、まだ今は秋。黒い列というありの行列のことを詠んでいるのですね。ところが、「あり」という言葉は出てきません。直接的な言葉を使わないで表現する上級編という感じがしますね。

〈いろいろな学習場面①〉

だじゃれ

だじゃれは言葉遊びにうってつけです。作文が嫌いになる一番の理由は、作文は、立派なことや難しいことを書かなくてはいけないものだと考えてしまって、なんとなく抵抗があるということだと思うのです。

まず、**言葉に対する壁を取り払いましょう。**

言葉で遊びましょう。

私は、だじゃれを、一年生から積極的に取り入れています。国語の学習の最初の五分。**だじゃれタイム**を取り入れてみてはいかがですか。

慣れてくると、私たち大人が思わず笑ってしまうようなだじゃれが飛び出しますよ。

だじゃれタイムの例

さめのゆめが今さめた
イクラは　いくら?
うまは絵がうまい
ボクサーは　ぼくさ
校長先生が　ぜっこうちょう
クレヨンを　ぼくにくれよーん
くつがくっつく
チョコをちょこっとだけ食べた
ぞうがぞうきんをつかったぞう
げたがぬげた
おのを　落として　オー　ノー

〈いろいろな学習場面②〉なぞなぞ

なぞなぞ作りも、取り入れたい活動の一つです。

まずは、先生が問題を出します。次に自分が覚えているなぞなぞや、本で見付けたなぞなぞを友達に出します。

それから、自分でなぞなぞを作ります。

なぞなぞに答えてもらうことで、**自分の書いた文章が友達に理解されていること**を感じることができます。

なぞなぞをいいます。

ヒント1

ヒント2

ヒント3

これは、なんでしょう。

こたえ

えをかこう

〈いろいろな学習場面③〉

ことばあそび

自分の名前を文の頭にして、自己紹介文を作ってみるのはどうでしょう。私は、学級開きのときに使っていました。

つ

つぎつぎと　楽しいことを考えて

ぼんやりしないで

い　**い**　いつも笑顔でいたいです。

あ　**あ**　あつい日は

や　**や**　やっぱり　少しつらいけど

こ　**こ**　こつこつ歩いて　体を鍛えます。

名前だけでなく、「オリンピック」などとして、告知文を書いてみるのも面白いです。

〈いろいろな学習場面④〉

読書感想文

読書感想文と呼んでいますが、実は、感想を書くものではありません。自分の体験を書いたり、自分の変化を書くものです。読後の体験談と言った方がいいかもしれません。

本の中身をぐっと自分に近付けて考える。今までの自分はどうだったのか？　似たような体験をしたことがあるのか？　自分はそのときどう思ったのか？　主人公と自分の考えの違いはどこからくるのか？　この本から得たものは何か？　これからの自分はどうするのか？　これらを**自問自答**していく。

本を読む前の自分と読んだ後の自分がどう変わったかを書いていくのが読書感想文です。かと言って、たいそうな立派なことを書かなくていいのです。**自分の日常の小さなことを見つめ直す目**が大切なのです。

〈読書かんそう文メモ〉

本のだい名

いつ	だれが	どこで	何を	どのように
				した話

なぜ　この本をえらんだか

すきな　ばめん　と　りゆう

しゅじんこう　と　自分がにているところ

自分とは　ちがうところ

まねしてみたいところ

本を読んで　気づいたこと　分かったこと

本を読んだ前と後で　かわったこと

これから　自分は　こうしていこうと思ったこと

〈いろいろな学習場面⑤〉

手紙

手紙は、「誰に伝えたいのか」の対象がはっきりするので、作文として、とても書きやすい形式だと思います。

一・二年生でよく使われる手法ですが、届ける相手が決まるので、相手意識をもちやすくなります。相手が決まると、「何を伝えようか」と、相手の興味に合わせた題材を見付けようとするので、題材選びの目も育ちます。

また、手紙といえば、返事がもらえるのがうれしいですよね。返事をもらうことは、書く意欲を高めるだけでなく、返事の内容を読んで相手の反応を直(じか)に感じ、**「自分が伝えたい内容は、伝わったのか」という評価**を受け取ることにもなります。

こうして、手紙の交換を続けていくと、どこを詳しく書けばいいのかということも、自然に分かってくるのです。

ただ、話題が散漫に広がっていきやすいところには注意しましょう。一つのことについて書けるように、「今日は、スイミングのことについてお話しします。」などと、手紙の始めに一文入れて書くのもいいですね。

○○くんへ

○○くんは、サッカーであい手のボールを
とって、ゴールに入れるのが上手だね。
ぼくも、○○くんみたいになりたいな。こ
んど、どうやって上手になったか教えてね。
ぼくも、シュートをきめたいからね。

□□

□□くんへ

お手紙、ありがとう。

ぼくが上手になったのは、毎日少しだけど
れんしゅうをつづけたからだよ。
キックのしゅるいは、ひものところでける
ミドルシュート。これは、はやくける時につ
かうシュートなんだ。アウトサイドシュート
は、かなりむずかしいけれど、後ろをむいた
時おすすめなんだ。分からないときは、聞い
てね。

○○

教科等の特性を生かす

作文の学習でついた力を、**国語以外の教科等へ発展**させましょう。

ただ、その教科等の特性を生かすことを大切にしてください。

それぞれ、学習のねらいや文章の書き方が異なるからです。

国語以外の教科等では、ものごとの見方、論理的な思考、情報の分析の仕方、などを学習することがめあてになります。

その上で、文章力を高めましょう。

たとえば、理科や社会のレポートは、はじめとおわりが呼応していること。

なかの内容は　客観性を重視し、見たこと（情報）と、自分が考えたこと（考察）の二つを書く。

また、本で読んだことやニュースで知ったことと照らし合わせて考えることや、自分の身の回りの出来事との関連に気付くことも大切になってきます。

その際、外から得た情報・観察と自分の考察はしっかり分けて書くように促しましょう。

分かったことや考察したことから、自分ができることを考えるところまで発展させることを目指していけたらいいですね。

〈生活科　一年生〉あさがおの花がさいたよ

一年生の生活科では、あさがおの様子をよく観察して絵や文に書く活動を取り入れましょう。定期的に書くことで、成長や変化に着目し、次はこれを書こう、という見通しをもってお世話ができます。

子どものつぶやきは教師が文章にして学級に広めます。

ポイント

★ なか　数／色／大きさ／形／匂い／手触り ⬇ 観察の目を育てる

★ おわり　観察して分かったことに対して思ったこと ⬇ 単なる感想にならないように

＜あさがおの花がさいたよ＞

絵

はじめ		6月3日に あさがおの花がさきました。
なか	数	2つさきました。
	色	外がわがうすい赤で まわりはちょっとピンクでした。
	大きさ	ぼくの手くらいの大きさです。
おわり		きのうはさいていなかったので、 びっくりしました。 あしたは、3つさいてほしいです。

〈算数科 一年生〉

繰り上がりのあるたし算の仕方

一年生の算数では、一位数同士の繰り上がりのある加法計算の仕方を考え、操作や言葉などを用いて表現する活動を取り入れましょう。

繰り上がりの計算の仕方を「まず」「つぎに」「そして」「さいごに」という言葉を使って順に説明できるようになるとよいです。

ポイント

★□に数字を入れることで、繰り上がりの計算の仕方を説明させる。
★「まず」「つぎに」「そして」「さいごに」という言葉の使い方を知ることができる。
★書き上がったものを声に出して読むことで、論理的な考え方が身に付く。
★一年生では、このプリントの文章全部を書くことをめあてにはしていない。学年に応じて、文章も自分で書けるように段階的に目標を設定する。

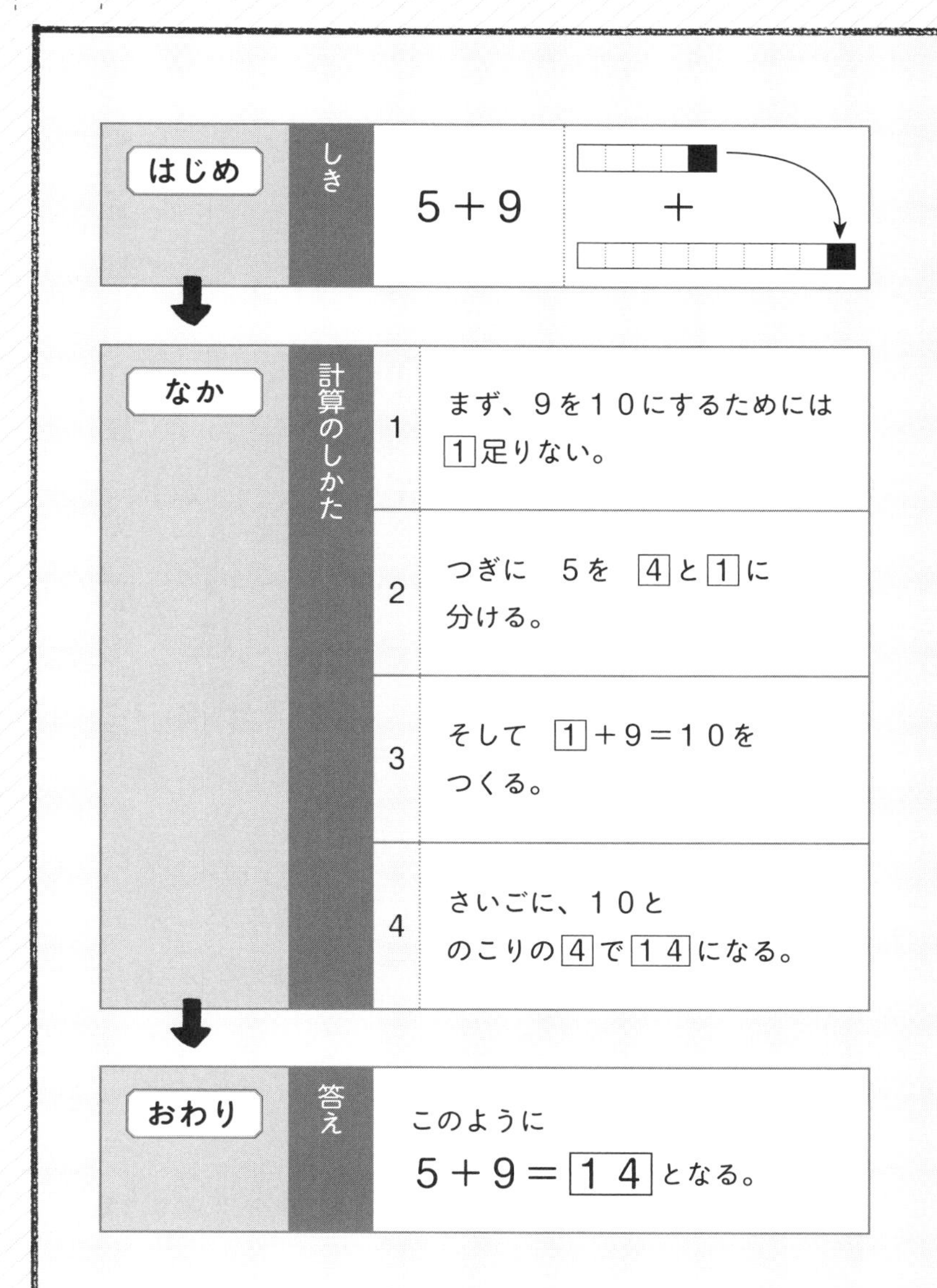
はじめ
しき
5＋9
＋
なか
計算のしかた
1
まず、9を10にするためには
1足りない。
2
つぎに　5を　4と1に
分ける。
3
そして　1＋9＝10を
つくる。
4
さいごに、10と
のこりの4で14になる。
おわり
答え
このように
5＋9＝14となる。

〈社会科　五年生〉※論文型文章

水産業

五年生の社会科では、漁業の制限、水産資源の減少などについて調べ、漁業に関わる人たちの願いについて考えることができるようにします。

書く活動としては、グラフから日本の漁業の変化や現状について読み取ったことをもとに、自分が考察したことを文章で表す活動を取り入れていきます。

ポイント

★気付き→考察

★ニュースや身の回りのことと関連させる。

★自分ができることにまで思考を広げる。

★声に出して読むことで、レポートを書くときの論理的な考え方が身に付く。

はじめ	課題		１９８０年から２０１０年の漁かく量の移り変わりについてグラフをもとに考える。
なか	気付き→考察	1	世界的に見て漁かく量は全体的に減っている。 ↓ 魚が少なくなっているから。
		2	遠洋漁業が特に減っている。 ↓ ニュースで最近、中国や台わんで魚をたくさん食べるようになったと伝えていた。
		3	養しょくが増えている。 ↓ ぼくの家の近くのスーパーの魚にも養しょくと書いてあるものが多く見られる。
おわり	まとめ／自分ができること		このグラフから、世界の漁かく量全体が減ってきていることが分かりました。また、食の変化とともに外国との魚の取り合いになって日本の遠洋漁業が制限されていることが表れていました。それをおぎなうために、養しょくが増えてきていました。 魚が減ってきていることが、漁かく量全体を減少させている原因だと思いました。海洋資げんの保護について新聞でも読みました。 ビニールぶくろを食べた魚が死んでいるというニュースを見たことがあるので、ぼくもゴミのすて方に気をつけようと思います。

〈理科 五年生〉 ※論文型文章

発芽の条件

五年生の理科では、たとえば「発芽の条件」について、種子が発芽するために必要な条件を調べる実験において課題をしっかり把握し、実験のやり方、結果の予想とその理由、実際の結果を、分かりやすく文章に書いていきます。

また、その結果から、自分の考察を自分の言葉で書く力も身に付けさせたいものです。

ポイント

★ はじめ の「課題」と おわり の「考察」が呼応するように注意する。

★「予想と理由」には自分の経験や今までの学習で学んだことなどを根拠に書く。

はじめ	課題 (実験の目的)	発芽には、日光が必要かどうかを調べる。
なか	実験の方法	シャーレに水分をふくませた綿をしいて大豆の種を置く。空き箱でシャーレにおおいをして日光を防いだものをA。 おおいをしないで日光を当てたものをBとする。
	予想と理由	Bのみが発芽すると思う。家の庭で日光がよく当たった草花の方がよく成長するのを見たから、
	結果	予想に反してAもBも発芽した。
おわり	考察 発展	発芽には、日光が必要ではないことが分かった。もやしは光が当たらないところで大豆が発芽したものだと気付いた。 次は、空気が必要かを調べたい。

〈生活科 一年生〉

生き物と友達

この単元では、三つのポイントでの学習をします。

①題材を見付ける

作文を書くことで、ハムスターをじっくり観察する必要が生まれます。爪やひげなど、普段はあまり注目していないようなところにも目を向けます。抱き上げたときには、温かさや心臓の鼓動にも気付きます。

②題材を選ぶ

マッピングの手法で、どんどん書き込み、その中から書くことを三つ選びます。

③振り返り

クラスで読み合うことで、友達の観察の仕方や上手な表現に気付きます。

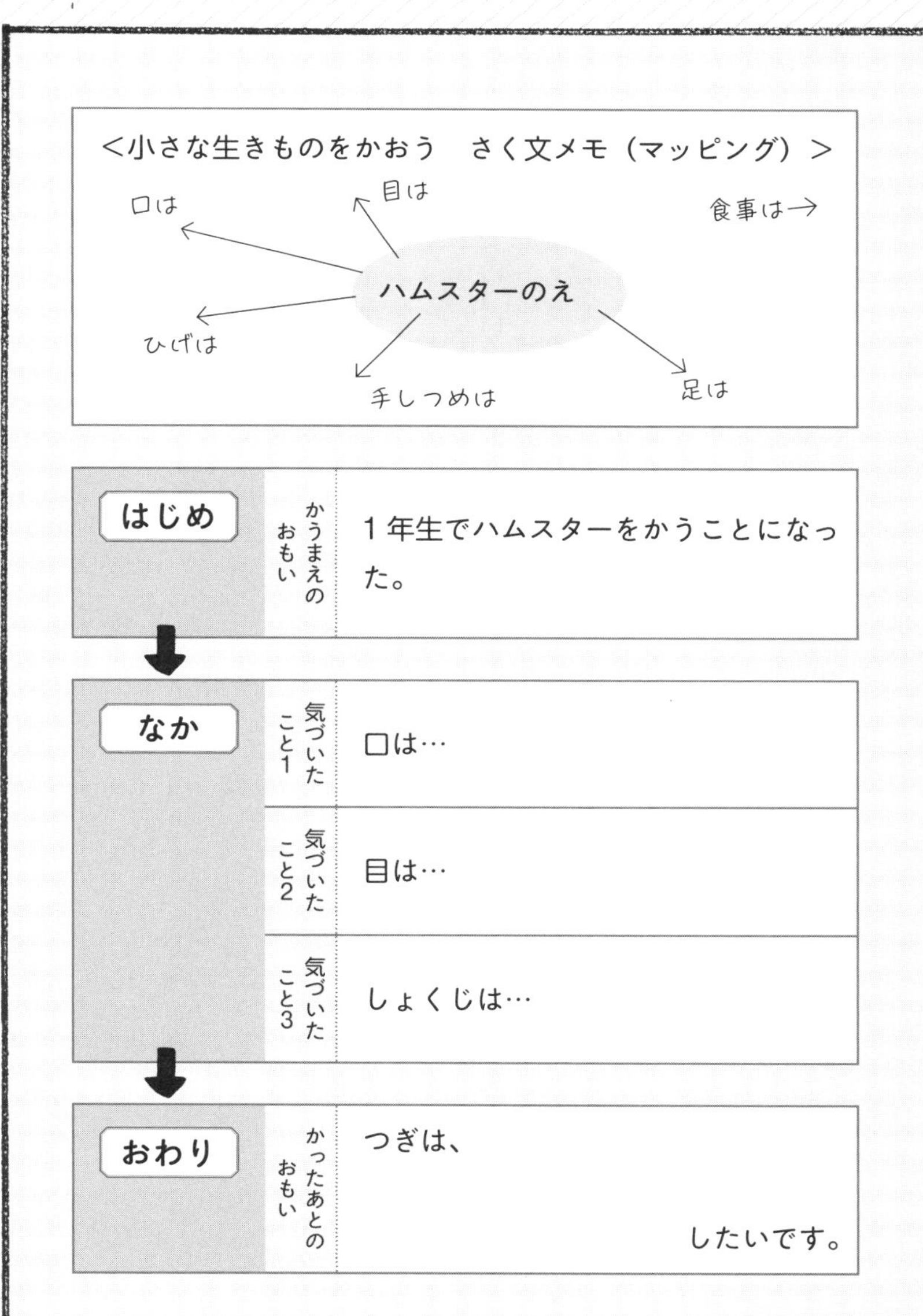

<小さな生きものをかおう　さく文メモ（マッピング）>
目は
口は
食事は→
ハムスターのえ
ひげは
手しつめは
足は
はじめ
かうまえのおもい
1年生でハムスターをかうことになった。
なか
気づいたこと1
口は…
気づいたこと2
目は…
気づいたこと3
しょくじは…
おわり
かったあとのおもい
つぎは、
したいです。

こうして書くことを広げて考えてみると、書くことによって育つ力が多くあることに気付きます。

❶ものをじっくり見る目：
その目は、身の回りから社会へと大きく広がっていく。
↓
❷感じる心と考える頭：
見たものについて、自分で考えたり、自分の感じ方を大切にしたりできる。
↓
❸行動する手足：
課題や目標を見付け、自分ができることをやろうとする。

書くこととは、見て、考えて、行動すること。

様々な書く活動を通して、子どもたちは、より広くより深い力を手にいれることができるのです。

おわりに

映像の時代です。その流れは、誰もが感じています。では、今の時代に文章を書くということには、もはや意味はなくなったのでしょうか。

私は、そうは思わないのです。

娘の中学校時代の卒業文集を読んでいて、ある一人の子どもの文章に目が留まりました。将来何になりたいかというテーマで書いていたのですが、自己分析が素晴らしい。自分が今とっている行動はどのような心の動きからくるのか、本当はどうしたいのかなどを詳しく書いているのです。

今の自分を見つめ、そこから、未来を考える。中学生で、もうそんなことができるのですね。

幼いころに我が家に遊びに来ていたその子と、文面から想像できる人物は、全く別人です。私は、その子を以前よりずっと身近に感じ、応援したい気持ちになりました。

文章の力とは、普通に過ごしていては見えないものを、目に見えるものに変える力なのではないでしょうか？

最近、インスタの「映える」写真で自己表現することも当たり前になってきています。もちろん、写真や映像には一瞬でそのままを伝える力があります。けれども、文章には、映像よりも深いところにあるものを見せてくれる力があると思うのです。

プレゼンテーションでは、図や写真が効果的です。けれども、タイトルやキャッチコピーは必要です。刺さる言葉が求められる今の時代の方がむしろ大変です。短くて響く言葉を作り出す力が大切だからです。

「エモい」という表現もありますね。時代によって言い方は変わってはきても、文章には、人の心を動かす力があるのです。

話し言葉は消えてなくなります。しかし、書く文章は書き手が吟味して書き、読む方も腰を落ち着けてじっくり読むことができます。より複雑なことがらを伝えようとすると文章の力に頼らざるを得ないときがあると思うのです。そういう意味でも、子どもたちの書いて伝える力を育てることは教師の大切な課題の一つです。

私は、子どもたちの作文を読むとき、涙が出そうになることがあります。その子どもの心の奥に触れたと思う瞬間があるからです。

言葉や文章にはその子どもの個性があふれています。特に、いつもはあまり話してくれない子どもの心の中をのぞくことができて、その子どもとの距離が近くなった気がすると き、やっぱり作文はいいなと思います。

Instagram や YouTube など、映像を使って伝える素晴らしさを否定するつもりは、全くありません。

ただ、文章で伝えることの素晴らしさを、簡単に捨ててほしくない。単に難しい、面倒くさいという理由で投げ出してほしくないと思うのです。

誰でも作文指導の大切さは感じています。　しかし、教える時間が十分確保できないいなどの理由から、作文指導は敬遠されてきました。だからこそ、今、作文のマニュアルのようなものがあればと思い、本書を書くことにしました。

上手な文章を書かせることが、大事とは思いません。子どもたち一人一人の個性あふれる見方や感じ方は宝物です。書くということを通じて、その宝物を表現してもらいたいと思うばかりです。

この本を書く機会を与えてくださり、編集に関わってくださった近藤さん、河合さんに感謝申し上げたいと思います。

この本を手に取ってくださって、ありがとうございます。一つでもお役に立つことがあればと思います。

「文章を書く」ことを前にして、子どもたちが感じるハードルが少しでも低くなり、書く楽しみをわずかでも感じることができるようになってくれたらうれしいです。

坪井綾子 Tsuboi Ayako

世田谷区小学校教諭。奈良県に生まれる。滋賀大学教育学部（国語研究室）卒業後、学級担任、新任教員の指導、外国籍児童の日本語指導、聾学校勤務、特別支援担任など小学校教師として30年間教えてきた。学習塾で小学生、中学生の国語を担当。教師になってから特に子どもの書く力の指導の大切さに気付き、独自に作文教育の研究を進めてきた。夫の仕事の関係で娘をNYの現地校に通わせた際に、アメリカの作文教育に触れ、日本の作文教育との違いを実感した。従来の作文指導を見直し、どの教師も作文の書き方を楽に教えられるマニュアルを作成することを目指し、、研究を続けている。

「書く」指導

— 授業で使えるアイデア＆フレームワーク —

2020（令和2）年3月10日 初版第1刷発行

著　者	坪井綾子
発行者	錦織圭之介
発行所	株式会社東洋館出版社
	〒113-0021 東京都文京区本駒込5丁目16番7号
	営業部 TEL:03-3823-9206 FAX:03-3823-9208
	編集部 TEL:03-3823-9207 FAX:03-3823-9209
	振　替 00180-7-96823
	URL http://www.toyokan.co.jp
装　幀	荒川浩美（ことのはデザイン）
イラスト	赤川ちかこ（オセロ）
印刷・製本	岩岡印刷株式会社

ISBN978-4-491-04033-2 Printed in Japan